가장 큰 기적
별일 없는 하루

NANAM
나남출판

가장 큰 기적
별일 없는 하루

2021년 6월 5일 초판 발행
2021년 6월 5일 초판 1쇄

글·사진   구영회
발행자   조완희

발행처   나남출판사
주소   10881 경기도 파주시 회동길 193, 4층 (문발동)
전화   (031) 955-4601 (代)
FAX   (031) 955-4555
등록   제 406-2020-000055호 (2020. 5. 15)
홈페이지   http://www.nanam.net
전자우편   post@nanam.net

ISBN   979-11-974673-0-1
          979-11-971279-3-9 (세트)

가장 큰 기적
별일 없는 하루

지리산 인생길의 여섯 번째 사색

글·사진 구영회

NANAM
나남출판

일상의 기적을 일깨우는 비밀 코드

박성제 MBC 사장

'일과 중에 결과가 나온다고 했는데 …'

오후 내내 일손이 안 잡히고 초조한 하루였다.

어둑어둑해질 무렵에야 비로소 '띠링' 하고 문자가 날아왔다. 스마트폰을 터치하는 검지 끝마디가 살짝 떨렸다. 두근두근 심박수가 상승하는 게 느껴졌다.

"귀하의 코로나 19 검사 결과는 '음성'입니다."

설마 했지만 정작 '별일 없다'는 문자 내용을 눈으로 확인하자 온몸의 긴장이 탁 풀렸다. 그제서야 맘 놓고 퇴근 준비를 했다.

저녁 약속 멤버들이 모인 카카오톡 단톡방에 희소식을 전하는 메시지를 날렸다. 너도나도 축하한다는 답장이 이

이겼다.

'코로나 안 걸렸다는 게 축하까지 받을 일일까?'

잠시 생각해 봤지만 절로 입꼬리가 올라가는 것은 어쩔 수 없었다.

약속 장소로 향하는 승용차 안. 답답하게 얽혀 있는 도심 퇴근길이 오늘은 어찌 그리 느긋한지. 평소엔 정신없기만 하던 빌딩 네온사인 불빛들마저 정겨워 보였다. 20, 30분 약속에 늦으면 어떠리. 어느새 나는 라디오에서 흘러나오는 옛 가요에 고개를 까닥이며 박자를 맞추고 있었다.

'행복이 뭐 있나? 이렇게 차 안에서 노래 흥얼거리고, 퇴근 후 좋은 사람들 만나 소주 한잔 나누면 그게 행복이지.'

어제까지 아무 생각 없이 그냥 흘려보냈던 '일상'들이었다. 그런데 오늘 나는 왜 갑자기 즐거워졌을까. 하루 만에 인생관이 바뀐 것은 분명 아닐 터. 내 몸속 어디서 어떤 호르몬 작용이 일어났는지 알 수 없다. 그냥 내가 '별일 없다'는 사실을 깨달았을 뿐.

작년 봄, 방송사 CEO라는 중책을 맡으면서 수많은 분들과 면담하고, 회의하고, 행사에 참석하는 것이 피할 수 없는 일과가 되었다. 덕분에 이런저런 이유로 1년여 동안 세 차례나 코로나 검사를 받아야 했다.

검사가 반복되면서 지금껏 못 느꼈던 변신의 설렘도 중첩되었다. 음성 판정을 받을 때마다 나는 변신한다. 경영 실적의 압박과 스트레스에 허덕이는 CEO에서 '별일 없음'의 행복을 만끽하는 소시민으로. 비록 며칠 못 가 금세 잊히는 행복이지만 말이다.

지리산에서 글을 쓰며 노년을 보내고 있는 구영회 선배를 만난 것은 마침 세 번째 코로나 음성 판정을 받은 지 얼마 안 된 봄날 저녁이었다. 서너 달에 한 번씩 뵙는 얼굴이었지만 구 선배의 표정은 전보다 더 넉넉해 보였다.

구 선배는 내게 궁금한 게 많은 듯했다. 친했던 회사 후배들은 어떻게 지내는지, 아내와 아이들은 건강한지, 얼마 안 남은 선거 판세는 어떻게 보는지 질문이 이어졌다.

편안한 담소와 함께 소주 한 병이 비어갈 무렵, 구 선배는 USB 메모리 하나를 건넸다.

"여섯 번째 책의 원고를 담아 왔네. 읽어 보고 맘에 들면

추천사를 써 줬으면 하네."

"벌써 여섯 번째 책인가요? 정말 대단하십니다. 원고를 이메일로 보내셔도 되는데 굳이 USB에 담아 오셨어요?"

"지리산의 내 집에서는 인터넷망이 연결되지 않는다네. 이 핑계로 자네 얼굴도 한 번 더 보고 좋지 않은가."

"그도 그렇군요. 예전에 지리산 놀러 갔을 때 뜨끈뜨끈한 황토 구들방에서 몸을 녹이던 생각이 나네요. 이번 책에서는 또 어떤 철학을 풀어내셨는지 궁금합니다. 제목은 지으셨어요?"

"지어 놓았지. '가장 큰 기적 별일 없는 하루'일세."

제목을 듣는 순간, 단박에 느낌이 왔다.

우연치고는 심상치 않았다. 바로 며칠 전에 내가 절감하지 않았던가. '별일 없음'을 깨닫는 것이 얼마나 놀라운 체험인가를. 구 선배는 혹시 그런 깨달음이야말로 '기적처럼 행복한 일'이라고 설명하려는 게 아닐까.

서울 한복판에서 매일 열 시간 넘도록 회사 일에 매달려 지내는 후배에게 건넨 지리산 도인의 USB. 그 안에는 '기적'을 풀어내는 비밀스런 소스코드가 담겨 있을 것 같았다. 누구나 누릴 수 있지만 아무나 깨달을 수 없는 '별일 없음의 기적' 말이다.

28년 전, 내가 MBC에 입사했을 무렵, 구영회 선배는 보도국에서 손꼽히는 유능한 기자였다. 수습기자 시절에 기사 잘 쓴다는 몇몇 선배의 원고를 교재 삼아 연습하곤 했는데, 구 선배의 기사는 물 흐르듯 유려한 필력에 핵심을 찌르는 촌철살인의 맛까지 담겨 있어 늘 감탄했던 기억이 난다. 따르는 후배들이 많다고 들었지만 경찰서를 뛰어다니던 막내 처지이던 나에게는 말 한 번 건네기 힘든 하늘 같은 선배 중 하나일 뿐이었다.

첫 대면은 1994년 봄, 내가 막 수습 과정을 마치고 9시 메인 뉴스의 리포터를 시작할 무렵이었다. 구 선배가 잘나가던 정치부 차장에서 사회부로 인사발령이 났던 것이다. 그의 역할은 초년 기자들의 설익은 기사를 뉴스에 내보낼 수 있도록 고치고 손보는 사건사고 담당 데스크였다. 보도국에서 가장 골치 아프고 바쁜 자리인 동시에, 능력이 검증된 베테랑만 앉을 수 있는 중요한 자리였다.

나의 첫 기사를 그에게 보여 주던 날, 담배를 입에 물고 '어디서부터 손대야 하나' 하는 심각한 표정으로 원고를 뚫어지게 보던 눈빛이 지금도 생각난다.

기사를 고칠 때는 냉정하기 짝이 없었지만 그렇다고 전체를 다 뜯어고치고 자기 맘대로 새로 쓰는 일은 없었다. 내 취재 의도와 구성을 최대한 살려 주려 애썼고, 가끔은 어깨를 두드리며 칭찬 한마디도 잊지 않았다.

그때 다들 구 선배를 호랑이 보듯 무서워했다. 하지만 나는 그가 불같은 열정과 섬세한 공감능력을 동시에 보유한, 흔치 않은 언론인이라는 사실을 금방 알아차렸다.

어느 날 공무원들이 관할 유흥업소에서 정기적 상납을 받는다는 제보를 입수했다. 그러나 심혈을 기울여 내가 취재한 기사는 해당 관청의 로비에 막혀 좌절될 위기에 처하고 말았다. 힘없는 막내인 나를 대신해 구 선배가 기사를 내야 한다고 간부들에게 따졌지만, 결국 그 뉴스는 전파를 타지 못했다.

그날 저녁, 구 선배는 분을 삭이지 못하는 내게 술을 따라 주며 말했다.

"힘이 부족해서 미안하구나. 그래도 오늘을 잊지 마라. 나중에 네가 높은 사람 되면, 후배들이 이런 일을 겪게 해서는 안 된다."

얼마 뒤, 그 관청의 고위 관료가 MBC 간부들에게 꽤 비싼 저녁식사를 대접하는 자리를 마련했는데, 구 선배가 자기 돈으로 밥값을 치르고 중간에 나와 버렸다는 얘기를 들었다. 그는 그런 기자였다.

내가 제법 한몫하는 사회부 기자로 성장했을 때쯤, 그는 다시 정치부로 복귀해 청와대를 출입하라는 명을 받고 사회부를 떠났다.

몇 달 뒤, 구 선배가 쓴 기사가 대통령의 심기를 불편하게 했다는 소문이 돌았다. 그는 또 정치부를 떠나야 했다.

그 무렵 술자리에서 내가 이렇게 물었다.

"선배는 기자 생활을 왜 그렇게 힘들게 하세요?"

"사는 것은 등산 같은 거야. 올라가다 보면 내려오기도 하지. 하산할 때는 표표히, 군말 없이 내려가야지."

구 선배는 알 듯 모를 듯 선문답 같은 말을 던지더니 노래나 부르자고 했다. 우리는 그날 밤 목이 쉬도록 노래를 불렀다.

 구영회는 많은 정치인들을 만나고 취재했지만, 그들의 권력을 늘 비판적인 눈으로 바라보던 기자였다. 그래서 어떤 정파에서건 별로 환영받지 못하는 언론인이기도 했다. 보수 정권 시절에는 호남 출신의 진보 성향 기자로 통했고, 진보 정권이 들어서자 호남 출신인데도 보수적인 기자로 불렸다.

 반면 회사 내 신망은 높았다. 정치부장, 보도국장을 거쳐 계열사 대표를 두 차례나 지낸 다음, MBC 사장 후보에도 올랐다. 하지만 때마침 집권한 이명박 정부에서 그가 본사 사장이 되는 것은 사실 불가능한 일이었다. 누구보다 '능력 있는 리더'였지만 그 이전에 누구보다 '까칠한 기자'였기 때문이다.

 청와대는 부담스러운 구영회 대신 이명박 대통령과 개인적인 연이 있는 K 씨를 사장으로 낙점했다. 구 선배는 아무렇지도 않은 듯 미련 없이 회사를 떠났다. 늘 하던 말처럼 표표히 하산한 것이다.

 얼마 뒤, 고향인 지리산 기슭 허름한 집에서 유유자적

제 2의 인생을 살고 있다는 소식이 들려왔다. '구영회답다' 는 생각이 들었다.

낙하산 K 씨가 사장이 된 MBC에서는 권력 비판 보도에 재갈을 물리려는 시도가 공공연히 자행되었다. 뉴스 앵커와 시사프로그램 진행자들이 프로그램에서 쫓겨났고, 시청자 신뢰는 바닥으로 떨어졌다. 기자들의 분노가 부글부글 끓기 시작했다.

2012년 초, 참다못한 기자들은 노동조합과 힘을 합쳐 K 사장을 몰아내기 위한 파업에 돌입했다. 나는 단체행동을 할 수 없는 보직간부였지만, 후배들과 함께하기 위해 보직을 내던지고 파업에 동참했다.

그러면서 내 인생도 소용돌이 속으로 휘말려 들어갔다. K 사장이 나를 해고해 버렸던 것이다. 기자들을 배후에서 조종했다는 이유였다. 나는 19년 만에 기자의 삶을 마감하고 '해직 언론인'이 되었다.

백수 생활의 무료함을 달래려 산에 오르기 시작했다. 몇 달이 지난 늦가을의 어느 날, 북한산 정상에서 땀을 식히며 시리도록 파란 하늘을 바라보다 문득 구영회 선배의 얼굴이 떠올랐다.

　며칠 뒤 나는 지리산으로 향했다. 마중 나온 구 선배의 건강하게 그을린 얼굴을 보자 갑자기 콧잔등이 시큰해졌다. 그는 아무 말 없이 내 어깨를 토닥여 줬다.

　"잘 왔네. 자네도 참 힘들게 사는구먼."

　"다 선배한테 기자 생활을 배워서 이렇게 됐지 뭡니까."

　구 선배의 지리산 거처는 아담하지만 꽤 매력적인 공간이었다. 작고 낡은 기와집을 단돈 3,000만 원에 사들인 후 이곳저곳 손수 고쳐 제법 지낼 만하게 만들어 놓았다.

　특히 내 맘에 쏙 들었던 것은 몇 달 동안 혼자서 공들여 만들었다는 황토 구들방이었다. 초저녁에 장작을 듬뿍 집어넣어 불을 피워 놓고 아랫동네에 내려가서 막걸리를 나눠 마시고 한밤중에 돌아왔더니 아랫목이 설설 끓고 있었다. 구 선배와 나란히 이불을 덮고 누웠는데 등짝으로 올라오는 화끈한 기운이 온몸을 덥히면서 순식간에 취기를 몰아냈다.

　내가 실없는 질문을 던졌다.

　"선배가 사장이 됐더라면 내가 해고되지 않았겠죠?"

구 선배는 대답 대신 놀라운 얘기를 들려줬다.

"작년에 내가 사장에 도전했을 때 MBC 대주주인 방송문화진흥회의 모 여당 이사를 만났거든. 그런데 '당신이 혹시 사장이 되면 박성제 기자 같은 좌파 언론인들을 MBC에서 정리할 수 있겠냐?'고 묻더구먼."

"그래서 뭐라고 하셨어요?"

"후배를 자르라니 그게 말이 되는 소리냐고 했지. 자리를 박차고 나왔어. 그때는 설마 그놈들이 자네를 정말 해고할 거라고는 생각하지 못했어. 그냥 내가 순순히 말 잘 듣는 인물인지 시험하는 줄 알았거든."

비로소 알게 됐다. MBC에서 내가 해고된 것은 다 예정된 수순이었다는 것을. 그리고 구 선배가 사장 도전을 미련 없이 포기했던 이유도. 새삼스레 화가 나지는 않았다. 권력이란 그토록 잔인한 것임을 구 선배도, 나도 이미 체득하고 있었기 때문이다.

지리산에서 이틀을 보내고 헤어지면서 내가 또 물었다.

"언제까지 여기서 지내실 작정이세요?"

"글을 써 볼까 하네. 내가 젊었을 때부터 수없이 지리산에 드나들지 않았는가. 이 산은 멋진 곳과 좋은 사람들이 많고 얘깃거리도 많아. 풍경, 만남, 인연 같은 것들을 그냥 편하게 글로 엮어 볼까 생각 중이야."

1년여 뒤, 구 선배는 첫 번째 에세이집 《지리산이 나를 깨웠다》를 내놓으면서 지리산 수필가로 데뷔했다. 33년 언론인 경력이 일궈낸 세상에 대한 통찰, 자연과 인간에 대한 따뜻한 시선이 간결하고 유려한 문장에 담긴 감동적인 책이었다. 책을 읽으며 나도 이런 글을 쓰고 싶었다. 마치 그의 기사를 교본 삼아 연습했던 수습기자 때처럼.

구 선배의 두 번째 책이 나올 무렵, 드디어 나도 해직 언론인의 삶과 새로운 도전을 담은 에세이를 펴내게 됐다. 마르지 않는 필력의 구 선배는 그 후 세 권이나 책을 더 냈고, 나도 가까스로 한 권을 더 썼다. 우리는 서로의 책이 나올 때마다 조촐한 파티를 열었다.

구 선배가 지리산에 칩거하고 내가 해직된 지 6년 만에, 촛불의 힘으로 권력이 교체되었다. 그 덕분에 나는 MBC로 돌아왔다.

USB 메모리에 담긴 구영회 선배의 여섯 번째 책을 프린

트했다. 묵직한 사유의 흔적이 조각처럼 새겨진 구절들이 처음부터 내 마음의 문을 두드렸다. 머리가 아니라 가슴을 두드렸다. 문을 열고 그의 생각을 만났다.

그는 익숙한 목소리로 묻고 있었다.

"너의 삶에서 뭣이 중헌디?"

지리산에서 보낸 10년. 그는 요즘 매일매일, 순간순간 기쁘다고 했다.

구들방에서 푹 자고 잘 깨어나고,
빨랫줄에 건 이불이 쩅한 햇볕에 잘 마르고,
길고양이가 먹이를 깨끗이 먹어 치우고,
후배가 인사로 꽃 사진을 보내온다.
첫눈을 쓸고 읍내 식당에서 맛난 국밥을 먹고,
뉘엿뉘엿 저무는 해를 바라보며 고독을 만끽하고,
다시 뜨끈한 구들방에 몸을 뉘어 잠을 청한다.

그는 모든 작은 것을 하나하나 관찰하고 의미를 세심하게 묻는다. 성급하게 답을 내리지 않는다. 그냥 발견할 뿐이다. 그리고 기뻐한다. 그다음엔 자신의 깨달음, 누구나 마음만 먹으면 가질 수 있는 '기적'의 소스코드를 슬쩍 내보인다. 가르치지 않고 그냥 보여 준다.

'별일 없는 일상'들로 이루어진 평범한 하루야말로 '진짜 기적'이라고.

그렇다고 언제나 행복한 것은 아니다. 사무치는 고독 속에서 번민이 많아질 때도 있다. 어떤 밤은 낙엽 소리, 시계 초침 소리에 잠을 못 이룬다. 그러다 자신의 숨소리와 하나 되는 것을 느끼며 무의식의 세계로 녹아든다. 누구나 끝내 사라지게 될 인생길에서 나의 '존재'가 가리키는 방향이 어디일까, 스스로 묻는다. 끝없이 질문을 던진다.

죽마고우 중에 서울대 철학과 교수가 있다. 그와 나는 술자리에서 늘 비슷한 대화를 주고받곤 한다.

"세상이 이리 어지러운데 너 같은 철학자가 사람들에게 길을 열어 줘야 하는 거 아니냐?"

"철학은 해답을 찾는 게 아니야. 질문하는 거지."

"만날 질문만 하면 뭐해? 그래서 삶이 어떻게 나아지냐?"

"질문은 곧 의심이야. 우리가 당연하게 생각하는 모든 것에 대한 의심. 계속 의심하다 보면 문제의 본질에 다가

갈 수 있어. 껍데기를 걷어내고 본질을 드러내야 길도 보이지. 그 길이 무엇인지는 철학자마다 생각이 달라."

"알다가도 모르겠다. 철학은 잘났다, 정말."

그 말대로라면 구영회는 이미 작가가 아니라 철학자다. 끝없는 질문을 던지는 지리산 철학자. 답을 구할 수 없는 것은 당연하다. 하지만 그의 사유를 따라가면서 나는 자연스레 느낄 수 있었다.

'왜? 무엇을? 어디로? 어떻게?' 끊임없이 묻다 보면 얻게 되는 것은 오히려 해답이 아니라 '습관'이다. 현상과 관계를 진지하게 바라보는 습관. 그것을 다시 기쁨으로 받아들여 감동하는 습관.

햇살을 머금은 섬진강,
찬바람을 비집고 봉오리를 터뜨린 매화,
은비늘 금비늘처럼 반짝이는 물결,
잎사귀 사이로 내리꽂히는 빛의 칼날에 희열을 느낀다.

이웃집 노인과 주고받는 인사말,
친구가 스마트폰으로 전해온 사진 한 장,

열심히 사는 동네 빵집 청년들,
이렇게 뼈저리게 되새겨진 일상에 감동한다.

소소한 것에서 느끼는 희열과 감동이 그냥 만들어질까. 습관이 되어야만 가능할 것이다. 습관은 깨달음으로 연결되고 깨달음은 다시 기적이 된다. 평범함의 기적이다.

별일 없이 건강하게, 자연과, 사람들과 어울려 살고 있다는 것을 새삼 깨우치는 순간, 우리는 로또 1등에도 비길 수 없는 '기적 같은 행복'의 비밀을 풀어내는 것이 아닐까.

그 행복은 곧 잊히더라도 '행복해하는 습관'에 길들여졌다면 금방 또 행복해지지 않을까. 마치 코로나 음성 판정을 받을 때마다 세상이 즐거워지는 경험처럼.

원고의 마지막 장을 덮고 보니 마음이 넉넉해졌다. 이 나라에서 저널리스트의 삶이 만만치 않다는 것을 가르쳐 주었던 구영회 선배가, 이 책에서는 행복이 그리 어려운 것이 아니라는 비밀을 전해 주고 있다.

이제 나도 소중한 사람들에게 질문을 던지고 싶다.

"뭣이 중헌디?"

뼈저리게 되새겨진 일상

재앙災殃의 뒷면은 자각自覺이었다.

다니고 싶은 곳을 마음껏 다니고 만나고 싶은 사람을 편히 만나는 너무나 당연했던 것들을 갑작스럽게 잃어버리게 될 줄 그 누가 알았을까. 백신 접종과 집단면역이라는 의학용어가 '희망'과 동의어가 될 줄 꿈에도 몰랐다.

코로나 바이러스가 판치는 세상에서 애당초 그런 감염병이 없었던 시절을 되돌아보니, 이전에 누렸던 하찮고 소소한 것들이 사실 가장 귀하고 소중한 삶의 밑바탕이었음을 비로소 깨닫게 된다. 삶을 어떻게 살아가는 게 바람직한지 새삼 느끼게 되었다.

훗날 우리가 마침내 마스크를 벗어던지고 다시 맨얼굴

을 마주하는 날이 온다면, 그때는 '일상의 작은 것'들을 함부로 여기지 않으리라!

행복한 사람은 이미 자기에게 있는 것을 잘 찾아내고, 불행한 사람은 자기에게 없는 것을 헛되이 찾아다닌다는 귀띔은 그래서 더욱 각별하게 새겨진다.

사람들의 세상은 큰 차질을 빚었으나, 섬진강변에 매화는 가차 없이 피었다. 사람들에겐 잃어버린 봄이었지만, 봄은 어디로 사라진 게 아니었다. 봄꽃 피어난 풍경 속에서 저마다 얼굴을 가린 사람들의 민망해진 눈동자들은 무엇을 느끼고 무엇을 찾는 것일까?

지난해 여름, 내가 지내는 산마을 부근 저수지 수변공원에 새하얀 연꽃들이 만개했을 때에도, 마스크로 맨얼굴을 가린 사람들이 찾아와 순결하게 온몸을 드러낸 꽃송이 앞에서 서로 어색하게 웃었다. 나도 그중 하나였다. 자연의 순수한 모습 앞에서 부자연스러운 '인간의 모습'을 통감하고 있었다. 그 웃음엔 일종의 부끄러움 같은 것이 묻어났다.

자연은 다치지 않은 그대로지만, 인간인 우리는 뭔기 단단히 잃어버린 모습을 서로의 눈초리 속에서 읽어내고 있었다. 우리가 잃어버린 그것은 이전에는 뚜렷한 자각 없이 소중하다는 느낌 없이 무심히 지나쳤던 바로 그것이었다.

　그것의 이름은 '일상'日常이었다.

　인생에 조바심을 내는 사람은 어리석다. 인생을 잘 살아가는 사람들에게는 공통된 특징이 있다. 그들은 주어진 하루하루를 다음 날로 넘겨지는 찌꺼기 없이 '완전연소' 할 뿐이다.

　삶은 그냥 흘러가는 강물과 같다. 법정 스님은 세상에 머물 때 이렇게 말했다.

　"삶은 소유물이 아니라 순간순간 '있음'이다. 모두가 한때일 뿐…. 그 한때를 최선을 다해 최대한으로 살 수 있어야 한다."

　당신과 나는 지금 이 순간 들숨과 날숨을 잘 쉬고 있다면, 언제든 무엇이든 다시 시작할 수 있다! 숨을 잘 쉬고 있는 한 당신과 나는 끝장나지 않았다.

　우리는 그냥 저절로 숨 쉬며 저절로 숨이 멈추는 그 순

간까지 순순히 살아가면 된다. 딱히 기를 쓰고 쫓아갈 만
한 것은 사실상 아무것도 없다. 이 세상에서 '생명'을 가진
모든 것들은 그냥 생명의 흐름대로 살아갈 뿐이다.

당신과 나의 숨이 붙어 있는 동안 삶의 매 순간은 언제나
새롭고 소중하다. 아무리 평범한 날이라도 인생에 오직 단
하루씩밖에 주어지지 않는 가장 새로운 날이다. 또 어떤 사
람에겐 마지막이 될 수도 있는 날이다.

작년 7월 어느 날, 그날도 나는 평범한 모습으로 살아
있었지만, 바로 그날 나의 작은형이 세상을 떠났다. 불과
넉 달 뒤 12월엔 큰형이 세상과 이별했다. 나에겐 생명이
조금 더 주어져 남아 있을 따름이다.

세상 모든 사람들에게 똑같이 주어진 것은 오로지 '오늘
지금 여기'뿐이다. 지금Now과 여기Here를 벗어난 것들은 모
두 신기루일 뿐이다.

별일 없는 일상들로 이루어진 평범한 하루야말로 진정
한 '기적'이다. 오늘 하루는 당신과 나의 인생길에서 남은
날들 중에 첫날이다.

지리산에서 여섯 번째로 세상에 내놓는 이 책은 기적치럼 평범하고 특별한 것 없는 '일상'을 담았다. 이 글을 읽는 인연들에게 깊이 고개 숙여 감사드린다.

2021년
봄이 오는 지리산에서 두 손 모음

구 영 희

가장 큰 기적
별일 없는 하루

지리산 인생길의 여섯 번째 사색

차례

27

작은 일에 기뻐하라

혼자 산마을에서 지내니 아침에 눈을 뜨면 하루가 특별한 일 없이 송두리째 텅 비어 있는 날이 대부분이다. 하지만 신통하게도 날마다 화수분처럼 무엇인가로 채워진다. 스스로 만들어 놓은 삶의 물꼬를 따라 삶이 알아서 흐른다.

　귀향歸鄕 초기에는 날이 밝으면 '오늘은 무슨 좋은 일 없을까?' 하면서 들뜬 기대 심리가 슬그머니 작동했다. 하지만 10년 넘게 지내니 지금은 많이 덤덤해지고 담백해졌다.

　날마다 되풀이되는 중뿔난 것 없는 하루하루는 그러나 무의미하게 허비된 것은 아니었다. 그 세월 속에서 내 인생길의 군더더기와 찌꺼기, 더께 같은 것들이 차츰 떨어져 나가고 걸러지고 씻겼다.

내 삶의 매우 기초적이고 근본적인 원형질이 스스로 모습을 드러냈다. 어떤 것들이 그야말로 부질없는 맹탕인지 저절로 알게 되었다.

졸리면 자고, 배고프면 먹고, 소소한 일들을 하기 위해 이리저리 움직이고 쏘다니고, 안부가 궁금한 사람들을 가끔 만나고, 책을 읽거나 글을 쓰거나 음악을 듣고, 숲이나 강변에 앉아 모든 감각을 편안하게 열어서 그저 그 순간을 있는 그대로 느끼면서 저항 없이 순하게 받아들이고 ….

내 마음과 몸뚱이가 별다른 탈 없이 하나가 되어 '행주좌와行住坐臥 어묵동정語默動靜'을 무난하게 잘하며 지냈다. 그것은 다른 무엇보다 감사한 일이었다.

'탈 없는' 것보다 더 나은 일이 있던가. 무탈함은 그 자체가 큰 축복이고 가피였다. 사람들끼리 서로 인사를 주고받을 때 '별일 없느냐?'고 물을 수 있고 '별일 없다!'고 대답할 수 있다면, 바로 그 상태가 최상 아닐까. 인생에서 '별일'은 적을수록 없을수록 좋은 일이라는 걸 새삼 깨닫게 되었다.

온 세상을 모조리 휩쓸고 있는 코로나 전염병은 '별일 없음'의 소중함을 가장 확실하게 일깨웠다.

이렇게 지내는 나에게 어느 날 우연히 TV에서 본 영화 한 편이 깊은 인상을 심어 주었다.

파리에서 무명 배우로 별 볼일 없이 매우 무료하게 살아가는 주인공 '엠마'는, 스스로 삶이 무의미하게 느껴지던 끝에 자기 생일이 돌아오는 날 자살하기로 마음먹는다.

그러다가 자기 자신을 조금이라도 긍정적으로 일으켜 보려고 스스로 직접 작성한 '나 자신에 대한 충고' 메모지를 읽는다. 거기에 이런 말이 적혀 있다.

"엄청 기쁜 일이 없다면 작은 일에 기뻐하라."

산자락 마을에서 혼자 무척 심심하게 지내는 나에게 이 짧은 한마디는 깊이 꽂혔다. 그래서 이 충고를 나의 오늘 하루에 적용하면서 검증해 보기로 했다.

거의 날마다 하루가 통째로 비어 있는 처지에 '엄청 기쁜 일'이라곤 있을 턱이 없었다. 그렇다면 '작은 일에 기뻐하라'로 초점을 옮길 수밖에 없었다.

스스로 기뻐할 만한 '작은 일'이나 '좋은 일'이 나에게는 무엇이 있을까 재미 삼아 헤아려 보았다. 세어 보니 꽤 많았다. 아니, 뜻밖에 수두룩했다.

1. 장작불 땐 구들방에서 등 따뜻하게 푹 잘 자고
   탈 없이 잘 깨었다.
2. 토마토가 아직 7개나 남아 있다.
3. 살짝 얼음기 밴 토마토는 부엌칼에 사각사각
   잘 베어졌다.
4. 달걀들이 아직 빼곡하다.
5. 오늘 아침 토스트는 타지 않고 잘 구워져
   바삭바삭 맛이 좋았다.
6. 오늘 햇볕이 쩽해서 마당 빨랫줄에 내다 건
   이부자리가 뽀송뽀송하게 잘 마를 것 같다.
7. 아까부터 마당에 앉아 채근하는 길고양이에게
   먹이를 내주었다.
8. 고양이가 먹다 남긴 먹이를 물까치가 날아와
   깨끗이 먹어 치웠다.
9. 딸이 선물한 커피머신에서 모닝커피 한 잔을
   뽑아 마시니 개운했다.
10. 라디오에서 잔잔한 클래식이 흘러나왔다.
11. 실내용 슬리퍼 밑바닥을 오랜만에 비누로
    말끔히 닦았다.
12. 음식 쓰레기를 내다 버리면서 재를 부어 잘 덮었다.

13. 가까운 후배가 아침 인사로 꽃 사진을 전송했다.

14. 내장산에 있는 지인이 나의 신간을 잘 읽었다며
    독후감을 보냈다.

15. 농촌 드라마 〈전원일기〉의 최초 연출가 선배가
    나의 신간을 읽다가 그 내용을 옛날처럼 드라마로
    만들고 싶었다고 칭찬 문자를 보냈다.

16. 평창 산속에 사는 친구가 놀러온 동창들의
    모습을 찍어 보냈다.

17. 재래식 화장실 문을 조금 열어 놓고 앉아 있을 때,
    자전거 핸들 위에 참새 한 마리가 푸르릉 날아와
    앉더니 나를 한참 쳐다보았다.

18. 뱃속을 시원하게 잘 비웠다.

　아직 오전에 불과하다. 이따 오후에 접어들면 또 작은
기쁨들이 수북이 쌓이겠지. 왠지 기분이 좋아졌다. 마음
이 가벼워졌다.

첫눈 쓸고 장작불 피우다

어두컴컴한 새벽에 눈을 떴다. 갑자기 구들방 밖 마당에서 쏴아 하며 마치 물을 쏟아붓는 것 같은 소리가 들렸다. 무슨 일일까 하여 벌떡 일어나 방문을 열고 밖을 내다보았다.

세찬 바람에 눈보라가 거세게 휩쓸고 지나가는 소리였다. 밤새 눈이 꽤 많이 내려 수북이 쌓여 있었다. 새해 첫눈이었다. 푸르스름한 새벽하늘 아래에서 하얗게 뒤덮인 산마을이 새로운 아침을 맞아들이고 있었다.

다시 이부자리에 드러누워 몸을 덮혔다. 어젯밤 잠자리에 들 때 다리가 쑤셔 뒤척였는데 다행히 통증은 가라앉았다. 방 안에는 오래된 흙벽 틈새로 스며든 새벽 냉기가 싸늘했다. 하지만 일단 등이 따스하고 통증도 가셨으니 이만하면 '좋은 아침'이었다.

이불을 목까지 끌어 덮고 눈동자만 멀뚱멀뚱 서까래를 쳐다보며 첫눈 내린 '새 하루'의 일과를 저울질했다.

'우선 아침 요기부터 해야겠지. 뭘 먹어야 할까? 옳지! 고구마를 찌고 우유 한 잔 따끈하게 덥히고 계란 프라이에 바나나 한 개 곁들이면 그런대로 훌륭하겠구먼.

식사 후에는 아궁이에 장작불을 다시 피워야겠지. 그다음에 마당에 수북한 눈을 쓸어야겠다. 대문 앞에 세워 둔 자동차에도 눈이 잔뜩 쌓였을 텐데 … . 하지만 그건 급할 것 없어. 나중에 해가 중천에 떠서 햇볕이 따사로울 때 자동차를 덮은 눈을 치울 때쯤이면 마을 고샅길도 차가 다닐 만하게 될 테지.'

잠시 후 일어나 궁리한 대로 실행했다. 그래도 새해 첫눈이 왔는데 음악이라도 틀어서 분위기를 잡고 싶었다. 첼로 연주곡을 틀었다.

천지가 새하얗게 첫눈으로 뒤덮인 아침, 요기를 마쳤고, 아궁이에 장작불을 뜨끈히 지폈고, 마당에 쌓인 눈도 잘 쓸었다. 이만하면 나의 하루는 아무런 탈 없이 잘 펼쳐졌다.

서울의 가족들과 카톡으로 아침 인사를 주고받았다. 가족들도 모두 별일 없는 하루를 맞이하고 있었다. 그것으로 충분했다. 다행스럽고 감사한 일이었다. 이제 나만 나의 하루를 잘 지내면 그만이었다.

더 이상 할 일이 없어진 나는 책상 앞에 앉아 마음이 가는 길을 따라 글을 써내려갔다. 창밖을 내다보니 해가 높이 솟아 있었다. 하늘은 푸르렀다. 창공의 구름들과 대지의 첫눈이 똑같이 하얗게 눈부셨다.

하기야 대지의 눈은 하늘의 구름이 내려보낸 동일체였다. 만법귀일萬法歸一, 세상의 모든 존재와 현상은 하나로 연결되어 모아진다.

처마 밑에 달아 놓은 풍경風磬이 잠잠해졌다. 감나무 가지 위에 물까치가 날아와 먹거리를 찾느라 두리번거렸다. 아랫집 지붕 틈새에 숨어 사는 길고양이 울음소리가 들렸다. 고양이 먹이를 챙겨 마당에 내놓았다.

오늘은 친숙한 후배들이 공동 운영하는 읍내 쌀빵집이 영업하는 날이었다. 각자 생업을 별도로 꾸리면서 요일별로 당번을 정해 빵을 만드는 아담한 빵집이다.

　쌀빵은 맛있고 '가성비'도 좋은 편이다. 3,500원짜리 한 봉지에 동그란 쌀빵을 8개나 넣어 준다. 무려 사흘에 걸쳐 나의 아침식사를 해결해 주곤 한다.

　대문 앞 자동차에 수북이 쌓인 눈을 치우는 김에 쌀빵을 사러 갔는지, 아니면 쌀빵을 사러 가기 위해 눈을 치웠는지 앞뒤가 분명치 않지만, 나는 오늘도 그 쌀빵집에 가서 빵을 사왔다.

　더 솔직히 말하자면, 첫눈 구경이 하고 싶어서였던 것 같다. 첫눈이 자동차 청소도 하게 만들고 첫눈이 쌀빵도 챙기게 만든 날이었다.

첫눈 내려 마침내 온통 눈으로 뒤덮인 지리산은 저 홀로 장관壯觀이었다. 강변이 온통 하얗게 뒤덮인 사이로 섬진강은 오늘도 푸르게 흘러갔다.

거기에 홀로 놓여 산과 강을 우두커니 바라보았다. 내 안에서 저 산과 저 강을 하염없이 바라보는 이 '존재'는 무엇일까…. 나는 그 존재였다. 그 존재가 군더더기를 벗어 버린 바로 '나'였다.

뭣이 중헌디

지리산 산마을에서 10년 넘게 혼자 지내는 나에게, 코로나로 인한 '사회적 거리두기'는 그다지 버거운 일이 아니다. 군이 사람들을 만나는 것만 자제하면 항상 혼자이기에 그렇다.

하지만 바나나 몇 개 챙기는 일도 차를 몰고 다녀와야한다. 산마을엔 구멍가게조차 없다. 그래서 일단 대문 밖으로 나서는 일이 생기면, 그 길에 한꺼번에 챙겨야 할 일들이 무엇인지 사전에 미리 궁리하는 게 효율적이다.

오늘 식품가게에 장 보러 가는 길에 덧붙여 떠올린 일들은 다음과 같다. 우선 바나나를 산 뒤 어디 한가한 밥집에가서 점심을 해결하고, 돌아오는 길에 섬진강변에서 잠시 바람을 쏘이면 좋을 것 같았다.

점심을 해결할 식당을 찾는 일에 행운이 따랐다. 자주 지나다니는 그 길가에 북적이지 않고 이름 예쁜 그 식당이 눈에 들어왔다. 식당 바깥에 적어 놓은 메뉴를 훑어보니 '들깨 미역국밥'에 호기심이 생겼다.

지난번 다른 면(面)에서 '꿩 떡국'을 발견한 데 이어 오늘도 맛이 그럴듯해야 할 텐데 기대를 품으며 안으로 들어갔다. 개업한 지 오래되지 않아 내부는 깔끔했고 손님은 저쪽 테이블에 두 사람뿐이었다.

밥집과 메뉴 선택은 성공적이었다. 정말 고소하고, 걸쭉하고, 맛있었다. 내가 외식하다가 국그릇을 남김없이 완전히 비우는 일은 드물다. 단돈 7,000원에 영양이 듬뿍 담긴 음식을 배불리 먹으니 만족스러웠다.

식사를 마치고 나올 때 주인을 기분 좋게 칭찬했다.

겨울바람 차가운 강변은 한적했다. 하늘은 청명했다. 눈부신 햇살이 옥빛 섬진강물 위에서 보석을 흐드러지게 뿌려 놓은 것처럼 부서지며 반짝거렸다.

평생 고단한 삶을 살아온 서울의 누이동생이 문득 떠올랐다. 방금 찍은 풍경사진 몇 컷을 말없이 전송했다.

이윽고 누이의 답장이 카톡에 떴다.

"식당 아르바이트하다가 코로나로 손님이 없어지니까 왠지 미안하고 눈치가 보여 그만두고 집에서 쉬고 있어요."

누이는 최근 몇 년 동안 꾸려왔던 반찬가게의 사정이 나빠져 몇 달 전에 접었다고 덧붙였다.

"내 인생은 왜 이리 꼬이는지 … . 날마다 기도하고 있어요. 지난 일은 생각하지 않게 해 달라고요."

누이의 카톡을 읽은 내 마음은 편할 수 없었다. 더구나 작년에 손위 형제 두 사람이 연거푸 세상을 떠나는 바람에 이제 누이에게는 내가 유일하게 남아 있는 오빠였다. 우리 형제자매는 원래 7남매였으나 네 명이 떠나고 남은 사람은 작은누이를 포함한 세 명뿐이었다.

누이들의 형편을 모르는 바는 아니지만, 내가 해 줄 수 있는 일은 위로하고 다독이는 것 외에는 별로 없다. 나는 오늘도 짧은 위안을 담아 답장을 보냈다.

"지구상에 있는 모든 사람들은 결국 떠난다. 그러니 세상에 머물 때라도 마음이 평화스러워야 좋겠지."

그리고 한마디 보탰다.

"마을 노인분들이 늘 당부하는 말이 있지. '더 늙기 전에 즐거운 마음으로 못 살면 저만 바보여! 뭣이 중헌디?'"

누이동생은 나의 대답에 조금 누그러진 기색이었다.

"명심할게요. 생각을 바꿔서 열심히 살아야겠지요!"

나도 마음이 다소 놓였다.

"그래! 남은 우리끼리라도 즐겁게 살자!"

산마을로 돌아오는 길에 단골 구멍가게에 들러 주전부리를 챙겼다. 내가 좋아하는 튀김건빵이었다. 밤에 적막한 구들방에서 TV 영화를 볼 때, 고소한 튀김건빵에 따끈한 블랙커피 한 잔이면 훌륭한 '거리두기 극장'이 된다.

마당에 들어서는 순간, 내 집 단골손님 길고양이 녀석이 마당에 둔 냄비를 핥다가 달아났다. 냄비를 들여다보니 물이 꽁꽁 얼어붙어 있었다. 아마 목이 말랐던 모양인데 물이 얼었으니 시원하게 마셨을 턱이 없었다.

얼어붙은 냄비에 따뜻한 물을 몇 바가지 부어 주었다.

산마을 저녁

지리산의 하루해가 뉘엿뉘엿 저무는 그 순간들은 지극히 잔잔한 기운이 감돈다.

하늘이 대지 위에 펼쳐 놓았던 모든 것을 뭐라 표현할 수 없을 정도로 부드러운 석양빛 실크 보자기에 슬며시 다시 담아 거두어들이면, 천지는 서서히 침묵의 시간 속으로 빠져든다.

하루해가 나의 아버지와 어머니의 고향 들판 너머로 가라앉을 때, 은빛 섬진강물이 점차 붉은빛으로 물들어갈 때, 산마루가 어느새 먹빛 실루엣으로 변해갈 때, 산새들이 지저귐을 멈출 때, 어둠이 아무런 기척도 없이 드리워질 때 ….

나의 내면은 지극히 차분해지면서 알 수 없는 그윽함이
가득 차오른다. 내 마음은 한없이 평화롭고 아련해진다.
그 순간에 세상의 모든 '탈 없는' 저녁들이 내 안으로 차곡
차곡 들어와 나를 정화시킨다.

그때 내 안에는 그 어떤 '추구'도 없다. 나는 그냥 '놓여
있음'만을 느낀다.

평상 옆에 세워 둔 나무지팡이를 챙겨 들고 저녁 산책에
나섰다. 이웃집들을 지나 비탈진 찻길이 나타나자 내려가
는 것보다 올라가는 게 더 적절하게 느껴졌다.

언덕길 귀퉁이에서 장대 끝에 매달아 놓은 종이 독수리가 바람결에 나부꼈다. 건너편 텃밭에서는 게으름 피울 줄 모르는 마을 아낙네가 시든 잎사귀들을 해가 저물도록 솎아내고 있었다.

인간 수명의 몇 배를 살고도 여전히 푸른 소나무 가지에서 하루를 무사히 마친 참새들이 하루의 끝자락을 붙들고 마지막으로 재잘거렸다. 그 숲에서 산새가 간명한 네 음절로 도드라지게 울었다.

도랑물은 저녁이 되었는데도 쉼 없이 졸졸거렸다. 들고 나온 나무지팡이가 땅바닥을 짚는 소리에 어느 집 귀 밝은 개가 사납지 않게 멍멍 짖었다.

마을 맨 위쪽 둘레길 표지판 앞에서 잠시 걸음을 멈추었다. 지리산 둘레길 구례 구간은 86km라고 쓰여 있었다. 오래전에 지리산의 여러 둘레길을 찾아다니던 기억이 문득 되살아났다. 그때 나는 도대체 어디를 가기 위해 그렇게 하염없이 걸었던 것일까.

지금 나의 몸뚱이는 그때보다 더 늙었다. 하지만 그때 그 길들을 하염없이 걸었던 내 안의 그 '존재'는 어디로 사라지지 않고 전혀 늙지도 않은 채, 지금 이 순간에도 여전히 내 안에 머물고 있다.

전혀 세월의 영향을 받지 않은 채, 불에 넣어도 타지 않고 물에 넣어도 젖지 않고 흙에 넣어도 썩지 않는 내 안에 있는 것은 누구일까? 무엇일까?

몸을 돌려 마을 아래쪽으로 걸음을 옮겼다. 저 멀리 능선들은 아까보다 더 붉어진 하늘 아래에서, 검은 실루엣이 되어 하늘과 대지를 한층 뚜렷이 구분 지었다.

구들방으로 되돌아올 때 마을의 모든 소리는 잦아들어 밤을 불러들이고 있었다. 하얀 가로등 불빛이 어둠 속에서 저 홀로 뚜렷했다.

마당에 들어서자 종일 놀았던 길고양이도 자기 쉴 곳으로 사라지고 없었다. 물까치도 보금자리로 되돌아가 보이지 않았다.

다시 찾아온 어둠 속에서 나는 또 혼자가 되었다. 방 안에서 불을 켜는 것을 잠시 미루고 캄캄한 그대로 한참 동안 가만히 그냥 앉아 있었다.

눈을 떠도 식별되지 않는 어둠이 방 안에 가득 차 있었다. 눈을 감았다. 동작을 멈춘 내 몸뚱이에서 아랫배만 규칙적으로 슬그머니 부풀어 올랐다가 꺼져 내리기를 반복했다.

내 안에서 별일 없이 숨을 잘 쉬고 있는 '그놈'이 느껴졌다. 생각이 아니라 침묵인 그놈이 바로 '나'였다. 나는 탈 없이 살아 있었다.

구들방에 밤이 들면

밤 깊으면 너무 조용해
책 덮으면 너무 쓸쓸해
불을 끄면 너무 외로워
누가 내 곁에 있으면 좋겠네

가수 조영남의 노랫말이다. 산자락 구들방에서 혼자 지내는 나에게 이 노래 구절은 참 절절하게 들린다.

조용한 것은 주변 상황이고, 쓸쓸하고 외로운 건 내 마음 한구석이 지어내는 짓거리라는 것을 나는 긴 세월 끝에 깨닫게 되었다.

마음이란 참으로 오묘해서 때로는 자작극自作劇의 달인이다. 하지만 그 자작극의 뒷면에는 더 이상 사로잡히거나 휘둘리지 않는 그리고 윤색을 허용하지 않는 무채색 '바탕'이 있다는 것을 이제는 알아차리게 되었다.

무엇을 좋아하거나 무엇을 싫어하지 않으면, 그 중립지대에 티끌 없이 말똥말똥한 제 3의 어떤 '존재'가 살고 있다는 것을 스스로 감지하고 포착하게 된다.

'제 3의 그놈'은 믿을 만하다. 헛짓이나 딴짓을 하는 법이 없기 때문이다. '그놈'은 언제나 텅 비어 있다. 그 빈 공간에서 모든 것들이 일어나고 사라진다.

구름 흘러가고 비 내리고 눈 내리며 해와 달과 별이 뜨는 본바탕이 텅 빈 하늘이듯이.

당신과 나의 원래 모습은 하늘처럼 텅 비어 있다.

밤이 되어 하루를 접고 전등을 끄고 캄캄한 어둠 속에서 몸을 누이면 잠시 머릿속만 저 혼자 시끄럽다가 그마저 멈추고, 안팎이 참으로 고요하다.

그 고요함 속에 눈을 감으면 그때부터는 모든 감각 중에서 귀만 열린다. 소리가 포착되면 들리고 소리가 멈추면 귀도 멈춘다.

조금 열어 둔 창문 틈새로 바람이 낙엽을 굴리는 소리가 들린다. 바람이 낙엽을 건드린 것일까, 낙엽이 바람을 데려다 저가 낙엽임을 알리는 것일까.

낙엽 소리가 멈추니 머리맡에 둔 자명종 시계의 초침 소리가 귀를 건드린다. 바람 소리와 초침 소리를 내 안에서 '어떤 놈'이 감지하고 있다.

이번에는 나의 숨소리가 들린다. 나는 숨소리와 하나가 된다. 그 들숨과 날숨을 가만히 지켜보다가, 나는 의식하는 세계로부터 무의식의 세계로 녹아들면서 나도 모르게 잠이 든다. 내 하루의 맨 끝이다.

너무 일찍 잠들어서일까. 한밤중에 깨어났다. 이럴 때 나는 둘 중 하나를 선택해야 한다. 다시 잠을 청하거나, 아니면 잠시 깨어 일어나서 밤을 오롯이 느끼거나.

잠자리에서 일어났다. 통창을 열고 바깥 평상으로 나갔다. 밤공기가 차가웠다. 사방은 적막했다. 아랫집 지붕 너머 아스라이 저 멀리 마을의 불빛 몇 개가 반짝였다. 밤하늘을 올려다보았다. 암흑 속 창공에서 별 몇 개가 반짝였다. 하늘에는 별빛이 있었고 대지에는 불빛이 있었다. 그 두 모습은 같았다.

내 구들방에서 멀리 떨어진 산허리에서 아주 작은 불씨가 이동하는 게 보였다. 밤길에 혼자 달리는 자동차였다. 저 멀리서 다른 영혼 하나가 어디론가 향하고 있는 것처럼 느껴졌다. 저 영혼은 어디로 가는 것일까.

당신과 나는 언제나 어딘가를 향한다. 지구의 다른 쪽에서도 누군가가 어디론가 향하고 있을 것이다. 모두 어디를 향하는 것일까.

무한한 우주에 떠 있는 둥그런 별의 표면 위에서 수많은 삶들이 어디론가 향하고 있다.

옛사람이 말했다.

지지발처至至發處, 이르고 또 이르러도 처음 그 자리!

큰스님 틱낫한이 보르도 숲을 찾아온 사람들에게 각자의 마음에 이 말을 새길 것을 권했다.

"나는 지금 아름답고 푸른 지구별 위를 걷고 있다."

당신과 나는 자기의식을 확장할 필요가 있다.

새벽에서 아침으로

이른 새벽에 깨었다. 자는 동안 이불 밖으로 드러낸 어깨와 손이 시렸다. 이불을 바짝 끌어당겨 덮고, 손은 엉덩이 밑으로 넣어 녹였다.

자리를 박차고 일어나야 할 다급한 일도 없는 데다가 아직 어두컴컴한 시간이라 그냥 이불 속에서 눈만 말똥거리고 있었다.

산자락 구들방의 새벽은 시각적으로 다가온다. 밤에 깜깜했던 방 안에 아직 덜 익은 첫 햇빛이 스며들어 천장 서까래와 물건들을 어슴푸레하게 비춘다.

또 하루가 주어지는구나! 여기서 새로운 날을 맞이한 지 벌써 11년째다. 어지간히 숱한 새벽이 나에게로 왔다가 지나갔다. 그 많은 새벽 속에서 나는 날마다 깨어났다.

몸만 깨어나는 게 아니라 마음도 다시 새로이 깨어나야 바람직한 새 하루가 될 것이었다. 마음이 초기화되어야 다시 새로움을 차곡차곡 들여놓을 수 있을 테지.

새벽 즈음이면 간혹 나의 삶과 관련된 주변 문제들의 해답이 불쑥 솟아오르기도 한다. 또 내가 가다듬고 추슬러야 할 방향을 가만히 가늠하기도 한다.

소변이 마려운 신호는 고마운 일이다. 미적거리던 몸을 마침내 일으켜 세우는 동기이니 말이다. 따끈한 모닝커피 한 잔 마시고 싶은 욕구도 하루맞이를 돕는다. 커피도 몸을 일으켜 세운다. 이렇게 나의 몸과 마음이 함께 아침을 맞이할 태세를 갖추면, 이윽고 방문을 열고 마당에 내려선다.

마당의 새벽은 산 너머 동이 트는 것을 감지하는 시각과 더불어 청각적이다. 산새들이 지저귄다. 그리고 툇마루 밑이나 화단 덤불 뒤에서 혹은 평상 바로 아래서, 어린 길고양이 네 녀석들이 부스럭거리거나 야옹 소리를 내어 각각 나에게 신호를 보낸다. 아까부터 먹이를 기다리고 있었다는 뜻이다.

　이른 새벽 마당에 잠시 서성거리다 보니 발이 시렸다.
고양이 녀석들 마실 물을 담아 둔 냄비는 또다시 꽁꽁 얼음
으로 변해 있었다. 얼른 집 안으로 들어와 수도꼭지를 틀
었지만 아예 움직이지 않았다.

　간밤에 수도꼭지를 조금 열어 두는 것을 그만 깜박했다.
햇살이 더 무르익어 날이 풀릴 때까지 기다리는 수밖에 없
었다. 이 허름한 집에서 혼자 지내는 일에도 간혹 불찰이

끼어든다.

부뚜막으로 갔다. 어제는 장작 두 토막을 넣어 불을 땠
는데, 오늘은 한 토막을 더 패서 불을 지폈다. 구들방 바
닥이 좀더 따끈해지기를 기대하면서.

방에 들어가 이부자리를 다시 꾸몄다. 깔고 자던 요를
걷어내고 얇은 천 하나만을 포개어 놓았다. 이따 밤에 잠
자리에 누우면 온돌의 열기에 등이라도 따뜻하게 해보려

는 궁리였다.

그사이에 해가 하늘로 더 높이 올라가 있었고 사방은 어느새 환해졌다. 드디어 아침이 된 것이었다.

설거지를 마치고 나니 아무런 스케줄도 없는 백지장 같은 하루가 눈앞에 놓여 있었다. 이럴 때 불쑥 휴대폰이 알림음을 울리면 퍽 반갑다.

서울의 가까운 후배에게서 카톡이 날아들었다. 군대에 간 아들 걱정이 적혀 있었다. 그것을 빌미로 나는 후배와 한참 카톡을 주고받았다. 하나 더 얹어 핀잔도 들었다. 도대체 지리산에서 무엇을 하며 사느냐고 ⋯ .

'보여 주기 위해' 사는 것은 아니라고 내가 답했다. 할미꽃은 할미꽃 나름의 존재 이유가 있지 않느냐고 했다. 거기에 한마디를 덧붙였다. 옛사람이 남긴 말이었다.

"이득을 하나 취하는 것은 해로움 하나를 없애는 것만 못하고, 무슨 일 하나를 꾸미는 것은 일 하나를 없애는 것만 못하다."

서울 후배에 이어 이곳 지리산 후배도 카톡을 보냈다.

"형님! 오늘 별일 없으면 이따 저녁에 저의 집으로 오셔서 같이 식사하시지요."

후배 역시 혼자 지내는 처지였다. 나는 그러마 하고 답장을 보냈다. 평소 별일 없는 나에게 후배가 특별한 일을 선물한 셈이니 고마운 일이었다.

후배 여자친구의 안부를 물으니, 해인사 시민선원에 동안거冬安居 겨울수행을 떠났다고 답이 왔다. 내가 응답했다.

"그 친구가 자기 인생길을 열심히 찾고 있구나. 너의 넉넉한 마음으로 편히 바라보기를 바란다."

이따 저녁이 되면 나는 지리산 왕시루봉 자락에 있는 후배의 집에서 둘이 함께 저녁을 먹으리라. 그리고 이제 50대 후반에 접어든 그 후배와 두런두런 이야기를 나누리라. 그와 나의 화젯거리에 번잡한 내용은 없으리라. 우리는 그것을 서로 알고 있다. 그냥 잔잔한 인생 이야기가 오가리라.

그는 내 집 부뚜막에 연통 새로 놓는 일을 거들어 주었고, 장작불 불쏘시개로 쓸 볏짚을 챙겨 주었다. 나는 그에게 숫자가 큼지막한 새해 달력 좀 구해 달라고 올해도 부탁해 놓았다. 점점 눈이 어두워져 불편해하시는 서울 장모님께 드리기 위해서였다.

　나의 고요한 새벽이 평온한 아침으로 그리고 그 아침이
새로운 하루로 잘 열리기 시작했다. 모두 감사한 일이었다.

삶을 방해하는 고정관념

먹고사는 일에 전혀 지장 없는 후배 A가 보낸 카톡에서 왠지 꿀꿀함과 답답함이 묻어났다.

사업가인 A 본인은 어디 자연경관 좋은 곳에 시골집을 마련해서 바쁜 생활 틈틈이 휴식하고 충전하며 살고 싶은 마음이 굴뚝같다고 했다.

그러나 그의 아내가 도무지 막무가내인 모양이었다. 아파트라면 모를까 시골집은 불편해서 지낼 수 없다며 극구 반대한다고 했다. 아예 시골에 내려가 살 것도 아니고 주말에 잠시 지낼 휴식처를 구하는 일인데도 매우 싫어한다는 것이었다.

기운 빠진 후배의 마지막 한마디가 내 마음을 짠하게 만들었다.

"시골에 가끔 나 혼자서 지낼 월세방이라도 알아봐야겠어요. 보나마나 마누라는 오지 않겠지만 … ."

A는 사업 스트레스가 마음을 짓누를 때마다 어디 조용한 시골집에서 마음 내키는 대로 풀면서 나름대로 삶의 탄력과 의미를 되찾고 싶어했다. 그는 돈이 없는 게 아니었다.

그러나 큰 부잣집 딸로 태어나 평생 호강하면서 살아온 그의 아내는, 남편의 생각을 도무지 이해할 수 없다며 오히려 핀잔만 준다는 것이었다.

그의 아내는 '고정관념'이 강한 것 같았다. 아내의 평소 취미가 뭐냐고 후배에게 물었더니, 다른 취미는 없고 줄곧 골프만 좋아한다는 대답이 돌아왔다.

안타깝지만 더 이상 내가 끼어들 틈은 없었다.

20대 시절부터 인연을 맺은 오랜 친구 B는 재물 넉넉하고 명함 빵빵한 상류층 유명 인사였다. 아버지의 재산과 신분을 잘 물려받아 평생 갑甲의 위치에서 살아왔다.

그러나 세월 따라 그도 그토록 즐기던 자리에서 마침내

내려왔다. 이전과 다르게 주변이 부쩍 썰렁해진 것을 뒤늦게 알아차리고는, 허전함을 채우려는 듯 날이면 날마다 이런저런 '잘난 사람들'을 만나느라 허겁지겁 분주했다.

나는 이 친구에게 "이제 부질없는 사교모임 그만하고 너 자신을 위해 평범하고 굳이 눈에 띄지 않아도 되는 너만의 조용한 삶을 사는 게 어떻겠느냐?"고 충고했지만, 그는 받아들이지 않는 기색을 보였다.

나는 충고의 방향을 바꾸어 보았다. "이제 시간도 많을 텐데 내가 지내는 이곳 지리산에 여행 삼아 한번 다녀가라"고 여러 차례 권유했다.

그러나 해가 바뀌어도 그는 오지 않았다. 그냥 기차나 고속버스를 타고 오면 내가 챙기겠다고 누누이 말했건만 소용없었다.

그런 그 친구를 지켜보다가 나는 깨달았다. 그는 애당초 자기 마음속에서 '엄두'를 내지 못하는 것이리라.

오랜 세월 주변 사람들이 달콤하게 떠받들고 부추기는 분위기에만 빠져 살다가, 아무런 관심도 받지 않는 처지가 된 것에 대한 불안감과 조바심이 그의 마음속을 송두리째

붙드는 모양이었다.

모든 긴장감을 내려놓고 자기 자신에게 그냥 가만히 편하게 쉴 틈새를 주었던 경험이 그는 없었다. 그럴듯한 사람들을 상대하는 일에는 익숙했지만, 정작 자신을 마주하는 일은 그의 마음속에서 너무 생소한 것이었다.

그는 조건이 바뀐 자기 삶에 새로운 '변화'를 주는 것에 일종의 두려움을 가진 듯했다. 그는 스스로 오랫동안 단단히 구축해온 '고정관념'을 당분간 깨부수기 어려울 것 같다.

나는 그의 삶이 그가 넘어진 바로 그 자리에서 그를 다시 일으키는 마지막 기회를 만날 수 있기를, 더 늦기 전에 그런 일이 벌어지기를 바란다.

선배 C는 지리산에서 줄곧 지내는 나를 무척 부러워하며 동경했다. 그는 사업으로 큰돈을 벌었다. 고급스러운 해외여행도 많이 다녔다.

틈틈이 나는 그에게 "돈도 많은 양반이 인생 저무는 줄 모르고 날마다 시멘트 빌딩 안에 갇혀서 결재서류에 사인만 하면 되겠느냐"며 돌직구를 던지곤 했다.

불과 한 살 위인 그에게 "지금 우리의 인생시계는 해가 뉘엿뉘엿 넘어가는 석양을 향하고 있다. 다시 돌아오지 않는 인생길에서 생각보다 행동이 더 필요하지 않겠느냐"고 거듭 찔러 보았지만, 그의 대답은 늘 똑같았다.

"글쎄 말이야! 나도 그러고 싶은데 … .'

매번 이런 모습으로 몇 년을 지내온 그가 바로 며칠 전 나에게 뜻밖의 카톡을 보냈다.

"나 이달 말에 그만두기로 했어. 드디어 자유를 찾아 나서게 됐다."

나는 반가움에 즉각 답장을 보냈다.

"아주 잘했소! 이제 홀가분한 맛이 무엇인지 실컷 맛보기를 바랍니다. 축하합니다!"

돈이 넉넉한 부자도 마음 내키는 대로 하지 못하는 일이 물론 있을 것이다. 그런데 하지 못하는 이유가 스스로 만들어 빠져 버린 '고정관념' 때문이라면 안타까운 일이다.

인생에서 '훗날'이나 '나중에'라는 것은 없다는 사실을 절실히 깨달아 지니고 살아가는 사람은 의외로 많지 않다.

　법정 스님은 생전에 순천 송광사 조계산 암자에 머물다
가 어느 날 다시 강원도 깊숙한 두메산골 화전민이 살다 떠
난 오두막으로 거처를 옮겼다.

　그 오두막 인연에 관해 스님은 자신의 저서 《스스로 행
복하라》에 글을 남겼다.

당초 이틀가량 지내려고 했던 그 오두막에서 꼬박 열하루를 지냈다. 처음 2, 3일은 전기가 없어 어둠이 좀 답답하게 여겨졌지만, 이내 아무 불편도 없었다. 촛불이 훨씬 그윽해서 마음을 아늑하게 다스려 주었다. 문명의 연장에 길든 우리는 편리하다는 그 한 가지만으로 많은 것을 빼앗기고 있구나 하는 생각이 문득문득 들었다.

스님의 글은 다시 이어진다.

그곳에서 지내는 동안 다행스럽고 고마운 일은, 무엇보다 사람 그림자를 전혀 볼 수 없는 점과 만날 그저 그렇고 그런 세상 돌아가는 소식이 미치지 않는 점이었다. 사람 꼴 안 보니 얼마나 좋았는지 몰랐다.

마음의 방향

"형님! 마음이 영 잡히지 않습니다. 마음이 중립지대에 있지 못해요."

오랜만에 카톡으로 안부를 건네자 후배 S의 답장 내용은 이전과 별로 다르지 않았다. 그는 여전히 들쭉날쭉 마음 기복에 시달리는 듯했다. 그의 나이는 어느덧 60대에 들어선 지 꽤 되었다. 사는 형편은 상류층이었다.

만약 의사가 그를 진단한다면 이른바 조울병이라고 할지 모르겠으나, 그는 평소에 주변 사람들이 별로 문제를 느낄 수 없을 정도로 정상적인 모습으로 살아왔다.

하지만 속내는 전혀 그렇지 않았던 것 같다. 말하자면 남들에게 늘 속마음을 감추며 사는 듯했다. 어릴 적부터 외톨이처럼 성장한 탓에 주변에 자기 속내를 시원하게 털어놓기보다 오히려 방어하는 성향이 짙어졌으리라.

이전에도 그는 내가 가끔 마음에 관한 이야기를 꺼내면, 내면이 고르지 못하고 걱정과 불안에 사로잡혀 있는 느낌을 주곤 했다.

그는 경제적으로 상당히 풍요롭게 살았지만, 마음은 툭하면 구멍이 뚫려 찬바람이 부는 것 같았다. 남 보기에 겉으로는 부족함 없이 지냈지만, 마음 한구석은 늘 허전하고 정작 자기 자신이 하고 싶은 것을 실현하지 못한 채 언제나 무엇엔가 묶여 사는 듯한 부자유不自由함을 내비치곤 했다.

그는 탄탄해 보이는 외모와 달리 무척 예민하고 섬세한 편이었다. 내 앞에서 눈물도 여러 번 보였다. 나는 오랜 인연인 그를 친동생처럼 대했고, 그도 나를 친형처럼 따르며 다른 사람과 다르게 대했다. 다행스럽게 우리끼리는 소통이 잘되는 편이었다.

내가 그의 마음상태를 전혀 모르고 살지 않았기에, 나는 또다시 그에게 조언했다.

"마음이란 원래 '잡히지' 않는 것이야. 그러니 마음을 잡으려는 그 자체를 내려놓아 봐. 마음속에서 뭔가 '전투'를 벌인다면 길을 잘못 들어선 것이나 마찬가지다. 어떤 마음이 들 때마다 그것을 가만히 내려놓아 봐."

그러면서 그에게 'MBSR'(마음 알아차림 명상을 통한 스트레스 완화)이라는 약어를 인터넷에서 찬찬히 검색해 보라고 권했다. 그는 즉각 관심을 나타냈다.

나는 그가 힘들어할 때마다 웬만하면 내버려 두지 않고 완곡하게 자극을 주었다. 카톡 대화를 마친 뒤 나는 예전처럼 또다시 그가 '방향'方向을 잘 찾기를 기원했다.

이곳 지리산에서 알게 된 30대 후반의 젊은이 J는 마음의 방향이 비교적 일찌감치 찾아온 것 같았다.

그는 이미 20대에 머나먼 타국 티베트로 건너가 결코 짧다고 할 수 없는 10년을 머물면서 지냈다고 했다. 한때 머리를 깎고 출가했다가 환속한 것이라고 밝혔다.

J는 우연히 어떤 자리에서 나와 대화를 나누게 되었다가, 기회가 닿으면 더 얘기를 나누고 싶다며 뭔가 마음의

기색을 내비쳤다.

어느 날 나는 J가 완도 어느 바닷가 외딴 곳에서 자주 지
낸다는 말을 직접 전해 듣고는, 지리산에서 자동차로 3시
간이 더 걸리는 그곳을 찾아가 그와 한나절 대화를 나눈 뒤
돌아온 적도 있었다. J는 지금은 이른바 속인俗人이 되었지
만, 선방禪房의 일반 승려들과 똑같이 석 달 동안 동안거 수
행에 들어가 있었다.

J는 진작 방향을 잡은 젊은이다. 이제 그에게는 깊이만
이 숙제로 남아 있다.

중년의 K는 30대에 태국의 조용한 휴양지에서 10년 넘
게 아르바이트를 하면서 혼자 지냈다고 했다.

K는 그러다 무슨 인연인지 이곳 지리산으로 귀촌했고
나와 알게 되었다. K는 늘 조용한 모습이었다. 음성이 높
아지는 것을 본 적이 없었다. 항상 차분했다.

K는 말을 하는 쪽보다 듣는 쪽에 가까웠다. 입은 조금
열고 귀를 많이 여는 사람은 드물다는 것을 나는 경험으로
알고 있다. 듣는 일에 빗장이 없다면 만사가 순조롭다는

옛말이 그를 만나면 떠오르곤 했다.

내가 보기에 K는 그냥 내버려 두어도 방향을 잘 찾아갈 사람처럼 느껴졌다. 그의 언행을 통해 그가 언제나 '잔잔하다'는 것을 알 수 있었기 때문이다.

K는 가끔 내가 지리산 풍경을 말없이 전송하면, 늘 거부감 없이 받아들이며 감사 인사를 빠뜨리지 않는다. K의 마음과 귀는 마치 스펀지 같았다.

마음속이 시끄러운 사람은 날마다 두 개의 전쟁터를 맞이한다. 하나는 마음속 전쟁터이고, 다른 하나는 그 마음이 밖으로 표출되어 세상과 부딪치는 전쟁터다.

마음은 참으로 신기해서 언제나 주문한 그대로 한 치도 어김없는 정확한 택배를 받는다. 화를 버럭 낼 때 화가 재빨리 대령해 있고 욕심을 부리면 어느새 욕심이 안방에 앉아 있다.

당신과 나는 지금 이 순간 무엇을 주문할 것인가?

마침내 쳐디보는 곳

친구 A와 나는 함께 자주 갔던 섬진강 상류 물굽이가 아름다운 그곳에 다시 서 있었다. 그때 친구가 한 곳을 가리키며 말했다.

"바로 저기야! 매실나무 언덕! 내가 여기로 정한 데에는 자네의 영향이 결정적이었지. 주소도 옮겼네. 나도 이제는 농업인이야. 하하!"

이 친구는 과거에 유명한 앵커였고 그다음엔 유명한 정치인이었다. 그의 인생길에도 내리막이 찾아왔고 그는 남은 인생을 어떻게 살아갈 것인지에 대해 나와 많은 대화를 나누어 오던 터였다.

나는 맞장구쳐 주었다.

"아주 잘했어! 전에 함께 왔을 때 저 언덕 언저리를 유심히 살피더니 결국 저곳과 인연을 맺게 됐구먼!"

우리는 그 언덕배기로 올라가서 바로 눈앞에 흐르는 강물을 내려다보았다. 내가 말했다.

"전망이 끝내주는군! 집 지을 때 창을 커다란 통창으로 내면 좋을 거 같아. 그리고 전에 내가 강조했던 황토 구들방도 꼭 만들길 바라고⋯."

친구는 그동안 나 없이도 이곳에 여러 번 다녀갔다고 했다. 그는 약간 떨어진 곳에 이미 들어서 있는 두 집을 가리키며 말했다.

"저기 보이는 왼쪽 집에는 목수일 하는 양반이 살아. 그리고 저 아래 저 집엔 은퇴한 기관사가 살고⋯."

내가 또 맞장구쳐 주었다.

"시골에선 이웃들이 퍽 중요한데, 앞으로 저 두 집이 자네에게 좋은 이웃이 될 것 같군. 잘 지내 봐."

친구가 마련한 집터 뒤쪽으로 무덤들이 보였다. 나는 저 무덤들도 좋은 이웃이 될 거라고 말해 주었다. 대개의 사람들은 무덤을 꺼림칙한 장소로 여기지만, 오히려 그 반대라고 짐짓 누그러 강조했다.

"자고로 산소는 후손들이 가장 좋은 명당에 모시는 법 아닌가. 이곳이 명당이라는 얘기지. 앞으로 자네가 살면서 지나다닐 때마다 '오늘도 잘 계십니까?'라고 인사하면 되겠군. 안 그래? 하하!"

나와 그가 사는 모습이 너무 닮았다면서 만나 보라는 친구의 소개로 알게 되어 늦깎이 친구가 된 동갑내기 B는 오늘도 야외 캠핑을 하고 있었다.

그는 임실 운암호가 내려다보이는 주차장 끄트머리에 높다란 노르웨이 텐트를 치고 그 옆에 캠핑카를 주차해 놓고 있었다. 학교 선생이던 그는 한마디로 캠핑의 고수였다.

어느새 날이 저물어 어둑어둑해지고 있었다. 그는 나를 만나자마자 대뜸 근처에 아주 좋은 전망대가 있으니 해가 완전히 지기 전에 얼른 가서 구경부터 하자며 앞장섰다.

친구가 안내한 전망대에서 바라본 호수는 이제 막 어둠 속에 잠기기 직전의 푸르스름한 하늘 아래에서 마치 꿈속 세계 같은 풍경을 펼치고 있었다.

저 아래 붕어섬도 보였다. 생김새가 붕어를 닮은 그 작은 섬에도 누가 살고 있었다. 붕어섬 뒤편으로 마을 불빛들이 아스라이 보석처럼 반짝였다.

나는 참으로 고요하고 아름다운 그 풍경을 휴대폰에 담아 그 자리에서 서울의 가족들과 친구들에게 보내 주었다.

마침 내가 서 있는 바로 뒤 트렁크가 열린 낡은 자동차 안에서 어느 중년 사내가 혼자 저녁을 차려 먹고 있었다. 그는 트렁크를 작은 공간으로 개조해서 매우 단순하면서도 쓸모 있게 사용하고 있었다.

그 사내에게 말을 건넸다.

"안녕하세요? 아주 간편하게 개조를 잘하셨네요."

그러자 의외로 깊은 사연이 담겨 있는 짧은 대답이 돌아왔다.

"제 아버지가 살아 계셨을 때 편찮으셨던 아버지를 모시고 이곳저곳 다니기 위해 자동차를 개조했던 것인데⋯. 지금은 이렇게 제가 잘 쓰고 있네요."

나는 그에게 이렇게 말해 주었다.

"아, 그러시군요! 돌아가신 선친께서 아주 좋은 유산을 물려주신 셈이네요!"

그러자 사내는 빙긋이 미소를 지었다.

텐트 바로 옆에 친구가 모닥불을 피웠다. 나로서는 참 오랜만에 모닥불 앞에 앉아 있는 것이었다. 하늘과 바람과 별과 모닥불 그리고 친구…. 더 이상 바랄 것이 없었다. 나는 그 모닥불을 휴대폰으로 찍어 그 자리에서 서울의 친구들에게 보내 주었다.

잠시 후 서울 친구 한 명이 카톡으로 반응했다.

"오늘도 좋은 곳에 가 있는 모양이구나."

내가 대답을 보냈다.

"그래, 자유로운 영혼을 만나고 있다."

친구 C는 강원도 횡성 어느 작은 숲속에 6평짜리 아담한 이동식 주택을 들여놓고서, 평생 지내던 도시를 벗어나 새로운 자연생활을 시작했다.

그는 누구나 이름을 알 만한 유명 항공사에서 사장을 지낸 친구였다. 그런 그에게 마침내 인생길의 대전환이 일어난 것이었다.

나는 오래전부터 이 친구를 적극적으로 부추겼다.

"숲에서 한번 지내 봐! 인생이 확 달라질 테니까. 앞으로 남은 인생길에서 줌뿔난 게 뭐 있더냐?"

그리고 평소에 내가 농담처럼 자주 쓰는 표현을 덧붙이는 것을 잊지 않았다.

"뭣이 중헌디?"

나는 마치 나에게 일어난 경사인 것처럼 덩달아 기뻐하면서 이곳 지리산에서 약 300km 떨어진 그 친구의 숲속 안식처에 벌써 몇 차례 다녀왔다. 그 친구를 더욱 기쁘게 해 주기 위해서⋯. 아주 잘한 일이라는 생각을 심어 주기 위해서⋯.

사람의 영혼이 자연 속에서 아무런 방해 없이 자유롭게 휴식할 수 있다면, 그 일은 그 사람에게 모름지기 참으로 '엄청난 변화'를 일으키는 법이다.

누구나 끝내 어디론가 사라지게 될 인생길에서, 각자 어떤 길을 걸어왔더라도 결국 마음 깊숙한 곳에서 자기의 '존재'가 가리키는 방향은 모두 같은 곳이다.

옛사람이 말했다.

"저녁은 해가 정한다. 그대의 인생도 그 무엇이 정해 놓았다. 그대는 속이 텅 빈 대나무 피리와 같다. 그대는 다만 연주될 뿐이다."

친구와 그 숲에 갔다

혼자 종종 찾아가는 그 숲에 친구를 데려갔다. 서어나무 숲이었다.

숲은 그 자리를 변함없이 지키고 있었다. 200년 묵은 늙은 서어나무들은 놀랍게도 새로 피워낸 가장 젊고 싱싱한 잎사귀들을 가지마다 무수히 매달고서, 때마침 숲을 지나가는 바람과 서로 교감하는 소리를 냈다.

스스스스…. 바람이 내는 숲 소리일까, 숲이 내는 바람 소리일까? 숲과 바람, 그 둘 중 어느 한쪽이 없다면 낼 수 없는, 둘 다 함께 있어야 낼 수 있는 소리였다.

늦은 오후, 따사로운 햇살이 나무들 사이에 놓인 돌 벤치를 감싸 안으며 숲 안까지 포근하고 환하게 비추었다.

친구와 나는 커다란 방석처럼 펑퍼짐한 바위 벤치에 나란히 앉아 숲 바깥 풍경을 우두커니 바라보았다. 티끌 한 점 없이 새하얗고 몽실몽실한 구름이 텅 빈 하늘에서 어디론가 흘러가고 있었다.

우리는 자연스러운 침묵 상태가 되었다. 굳이 말하지 않아도 이 순간 서어나무들과 숲과 바람, 하늘과 햇살이 서로 조화를 이루어, 눈에 보이진 않지만 뭔가 분명한 끈으로 우리 둘까지 한데 묶고 있는 것을 느꼈다.

'생명'과 '존재'의 연결 끈!

친구와 나는 서어나무 숲을 나선 뒤 뱀사골에 갔다. 뱀사골 입구, 나의 수십 년 단골인 그 산채식당에서 우리는 온갖 산나물과 버섯찌개로 맛있는 저녁을 함께 먹었다.

식사 후 친구는 내가 권하지도 않았는데 식당 건너편 계곡으로 내려갔다. 친구는 계곡 바위에 걸터앉아 잠시 생각에 잠겼다.

나는 그가 아까 서어나무 숲에서 그리고 지금 뱀사골 계곡에서 자기의 마음속을 정리하고 있다는 것을 감지했다.

그런데 바위에 앉아 있는 친구를 바라보는 순간, 나에게 '데자뷔'가 스쳤다. 수십 년 전에 나의 아버지가 살아 계셨을 때다. 아버지를 모시고 뱀사골에 왔는데, 아버지는 지금 친구가 앉은 바로 그 바위에서 지나간 인생을 회상하듯이 한참 물끄러미 앉아 계셨다.

　오래전 나의 아버지가 앉았던 그 바위에 이번엔 나의 친구가 앉아서 자기의 삶을 정리하고 있었다. 참으로 공교로운 일이었다.

　누구나 물끄러미 자기 자신을 바라보며 정리하는 순간이 닥친다는 것을 나 또한 체험으로 알고 있다. 그것만이 핵심이다. 핵심은 늘 '바깥'이 아닌 '마음속'에 있다.

　누구에게나 인생길에서 자기만의 '정점'climax이 있다. 하지만 정점을 지난 이후 인생길이 곧 '내리막'은 아니다. 인생길은 둥그런 원圓을 그리기 때문이다. 인생길 맨 끄트머리는 맨 처음에 왔던 바로 그곳이다.

　옛날 어느 지혜로운 사람이 이런 말을 남겼다.

　"행행行行 본처本處!"

"가도 가도 본래 그 자리!"

서어나무가 훗날 더 높고 더 굵게 자라났을 때, 숲은 절정을 이룰 것이다. 절정에 이른 서어나무는 그러나 시들지 않을 것이다. 그 이후에도 다시 긴 세월 동안 해마다 새롭고 싱싱한 잎사귀를 피워낼 것이다.

당신과 나는 원래 서어나무다.

히로토미 후쿠코

종종 담배나 주전부리를 사러 들르는 그 구멍가게는 면사무소 앞을 흐르는 개울 건너편에 있다.

익숙한 곳이지만, 항상 가게를 지키는 중년의 그 주인아주머니와 이전까지 별로 말을 섞을 일이 없었다. 내가 들어설 때 "안녕하세요"라고 인사를 건네면 그녀는 "어서 오세요"라고 대답할 뿐이었다.

하지만 그 여주인의 얼굴에서는 거의 누구라도 대번에 느낄 수 있는 편안함이 배어났다. 착하디착하고 순하디순한 느낌을 풍겼다. 영락없이 순박한 시골 아낙네의 얼굴이었다.

내가 평소와 다르게 한마디를 건네 붙인 게 발단이었다.

그리고 그녀가 대답하는 말투가 예상 외로 무척 서투르고 더듬거린 게 실마리가 되었다.

"혹시 … 책 같은 거 읽기 좋아하세요?"

내 딴에는 온종일 한적한 시골에서 구멍가게를 지키는 일이 무척 따분하고 무료할 수 있겠다 싶어 던진 말이었다. 그녀가 보이는 반응에 따라, 나는 책 한 권을 그녀에게 줄 것인지 말 것인지 속으로 결정할 참이었다.

그러자 그녀의 얼굴에 환하게 미소가 번지며 반가운 기색이 드러났다.

"네, 많이 … 좋아해요. 손님 없을 때 휴대폰으로 … 자주 읽어요."

그녀가 매우 띄엄띄엄 느리게 대답했다.

"아! 그렇군요. 하기야 종이책은 가게를 보면서 읽기에는 좀 그렇겠군요. 마침 잘됐어요! 책 좋아한다면 내 차에 내가 직접 쓴 책이 한 권 있는데 드려도 될까요?"

그런데 그녀가 대답하는 말투와 억양이 왠지 무척 부자연스러웠다. 그 순간 그녀가 혹시 동남아 출신 다문화 가정주부일지 모른다는 생각이 스쳤다.

　"저 … 혹시 한국분이 아니지요? 동남아 쪽에서 오신 모양이죠?"

　동남아에서 시집온 여성들을 이 지역에서 꽤 많이 보았기에 던진 물음이었다.

　그러나 놀랍게도 반전이 일어났다.

　"아니요, 일본 … 사람이에요. 일본에서 … 왔어요."

　"아아, 그렇습니까!"

나의 예상은 빗나갔다. 내가 다소 깜짝 놀란 것은 아마 그녀의 고국이 한국보다 경제적으로 잘사는 일본이었기 때문이리라. 이곳이 도시라면 그리 놀랄 일이 아니지만, 아직도 그리 넉넉지 못한 한국 농촌에서 일본 사람이 시집살이하는 것은 흔한 일이 아니었다.

"이런 작은 시골에서 일본분을 만나는 일은 드문데, 어떻게 여기에 와서 살게 되셨나요?"

곧이어 나온 그녀의 대답에 나의 궁금증이 풀렸다.

"교회에서 중매해서 … 시집 … 왔어요."

그녀는 아직 한국말이 능숙하지 않았지만 말투가 차분하고 또박또박해서 알아듣기에 어렵지 않았다.

그녀가 책 읽기를 좋아한다니 다행이었다. 나에게 굳이 사실과 다르게 부풀려 이야기할 까닭은 없을 것이다.

그녀는 약간 신이 난 듯 대답을 덧붙였다.

"제가 … 어렸을 때 … 책을 참 좋아했어요. 문학 … 소녀였어요."

이 정도면 그녀의 신상이 솔직하게 드러난 셈이었다. 잘된 일이었다. 나는 얼른 가게 밖에 세워 둔 내 차에 가서 책

히로토미 후쿠꼬

을 가져왔다. 결국 그녀의 이름도 알게 되었다.

"제가 직접 쓴 책이니 기념으로 성함을 적어 드릴까요? 이름이 …"

"히로토미 후쿠코!"

그녀는 간이 영수증 뒷면에 자기 이름을 적어 내밀었다. 한글로 적힌 글씨는 야무지고 깔끔한 느낌을 주었다. 외국 사람치고 잘 쓰는 글씨였다. 금방 쉽게 알아볼 수 있었다.

"고향이 일본 어딥니까?"

"도토리현 … 아오야! 제 고향은 … 산속 깊이 … 있어요. 호홋."

"그러면, 고향에 부모님이나 어른들이 사십니까?"

"네, 부모님하고 … 외할머니 계세요."

나는 그 구멍가게를 앞으로 더 편한 마음으로 드나들 것 같았다. 일본 사람 '아오야댁'이 꾸려가는 그 가게에 대해 군청 지인들에게 참고하라며 들려주었다.

그 후 어느 날 후배 집에 놀러갔다가 그 어머니로부터 '아오야댁'에 관해 더 진득한 이야기를 들었다. 그 소문은 주변 노인들에게 자자하게 알려진 모양이었다.

남편과 시부모가 모두 병든 지 오래인데, 그녀가 시댁 식구들을 극진히 돌보고 초등학교 다니는 아이 둘도 챙기면서 가게까지 온종일 운영한다는 것이었다.

흔치 않은 일본 사람이 한국 시골에 시집와서 여러 가지로 참 고달픈 인생을 살고 있구나 하는 안쓰러움이 느껴졌다. 동시에 그녀의 품성이 매우 정직하고 성실하다는 주변 사람들 이야기에 나는 감동을 받았다.

더구나 나도 그녀가 얼굴을 찌푸린다거나 시무룩한 표정을 짓는 것을 한 번도 본 적이 없었다. 언제 보아도 늘 차분하고 미소를 머금고 있었다.

그런 모습은 한 인간이 자신의 처지에 휘둘리지 않고 잘 뛰어넘었을 때 나타날 수 있는 것이었다.

구들방 내 책상 앞 유리창에는 그녀의 암팡진 글씨가 간이 영수증에 적힌 그대로 지금 붙어 있다. 왠지 그냥 버릴 수 없다는 생각이 들었다. 한낱 하찮은 종이쪽지가 아니라 진실한 사람이 풍기는 그윽한 향기 같은 느낌이 들어 그랬다.

종종 그 쪽지를 쳐다볼 때마다, 별로 얄궂은 내막 없이 평범하게 굴러가는 나의 지리산 생활은 과분하다는 성찰이 든다.

꼬마가 건네준 나팔꽃

겨우 네 살배기 꼬마 녀석의 말과 행동이 나를 깜짝 놀라게 했다. 그 아이 덕분에 모처럼 함박웃음을 지었다.

읍내 '산책山冊 도서관'에 그동안 아끼며 보관했던 어느 화가의 구멍가게 그림책 한 권을 기증하러 간 날이었다. 아직 직원이 나오지 않아 문이 잠겨 있는 바람에 잠시 망설이는 순간에 한 젊은 엄마와 마주쳤다.

아이와 함께 도서관에 자주 온다는 그 여성은 대뜸 도서관 관계자와 통화하더니 잠금장치 비밀번호를 풀고 스스럼없이 문을 열었다.

나는 잘되었다 싶어 말을 걸었다.

"이 도서관에 익숙하신 모양이죠? 저는 몇 달 전 도서관

개관 기념행사 때 여기서 특강한 적 있습니다. 오늘은 아이들이 좋아할 만한 책 한 권을 기증하러 왔지요. 이따 직원에게 이 책을 전달해 줄 수 있으신지요?"

상냥한 그 여성은 나의 부탁을 친절하게 받아 주었다. 낯선 나의 부탁을 흔쾌히 들어준 것이 고맙다는 생각에, 내가 쓴 책을 선물해도 좋겠느냐고 물었더니 반가운 기색으로 주차장까지 나를 뒤따라왔다.

그녀의 어린 아들이 도서관 앞 주차장에서 놀다가 '엄마!' 하며 쪼르르 달려왔다. 네 살짜리 그 꼬마와 내가 뜻하지 않은 인연을 맺게 될 줄이야….

내가 그 엄마에게 내 책을 건네는 순간이었다. 옆에서 나를 지켜보던 아이가 불쑥 내 앞으로 나서더니 엄마를 대신해 큰 소리로 인사했다.

"감사합니다! 이거 받으세요. 나팔꽃이에요."

아이는 앙증맞은 손가락 사이에 끼고 있던 보라색 나팔꽃 한 송이를 나에게 내밀었다. 나는 너무 신통하고 딱 부러지는 아이의 태도에 저절로 입이 떡 벌어졌다. 나도 큰

소리로 맞장구를 쳤다.

"와아, 꽃이 정말 예쁘네! 고마워. 잘 받을게. 너 몇 살
이니?"

"네 살이요!"

눈망울이 초롱초롱하고 햇살에 건강하게 까무잡잡해진
동그란 얼굴을 가진 그 아이는, 내가 무척 좋아하는 기색
에 뿌듯한 표정을 짓고는 즐거운 듯 깡충깡충 엄마를 뒤따
라갔다.

문득 내 차 안에 둔 주전부리 보리건빵이 생각났다. 얼른 건빵봉지를 챙긴 나는 그 아이를 다시 불러 세웠다. 나팔꽃을 곱게 쥐었던 아이 손에 과자를 건넸다.

나는 멀어져가는 엄마와 아이의 뒷모습을 흐뭇한 마음으로 한참 바라보았다. 그리고 꼬마의 작은 손에서 주름진 내 손으로 건너온 보라색 나팔꽃 송이를 물끄러미 쳐다보았다. 나는 그 꽃을 자동차 계기판 위쪽 평평한 곳에 조심조심 올려놓았다.

아이 덕분에 나의 하루는 보라색 나팔꽃이 되었다.

시인의 새 자전거

"오메! 독일제라고? 어쩐지 삐까번쩍하더라니 …. 와아! 400만 원? 그렇게 비싼 외제 자전거를 그 스님이 불쑥 갖다주었다고?"

낮은 음성으로 자분자분 느릿느릿 자초지종을 설명하는 박 시인詩人의 얘기에 나는 연거푸 세 번 놀랐다.

하동 악양 땅 안쪽 맨 끄트머리 산자락에 있는 허름한 외딴집에서 환갑 넘도록 노총각으로 지내는 지리산 시인 박남준에게 저녁이나 같이하자고 늦은 오후에 번개 만남을 제안했다.

곧장 차를 몰고 달려갔지만, 외출 중이라던 그는 아직 집에 돌아오지 않았다. 그는 바깥일 보다가 나를 만나러 서둘러 돌아오는 중이었다. 앞서 도착한 나는 그에게 전화를 걸었다.

전화 너머로 그의 목소리는 잔뜩 숨이 찬 듯 헐떡였다.

"거의 다 왔어요. 지금 자전거를 타고 올라가고 있어요."

이전에는 주로 걸어 다니더니 아마 어디서 중고 자전거를 한 대 구했나 보다 짐작했다.

잠시 후 나의 짐작은 여지없이 빗나간 것을 알게 되었다. 그의 집으로 올라가는 길은 꽤 비탈진 오르막이어서 자동차 1단 기어를 넣고도 힘겹게 조심조심 접근해야 했다. 그런데 아니 이게 웬일인가.

나는 당초 예상하기를 그가 자전거 페달을 밟아 오르기엔 너무 버거운 언덕길이라서 아예 자전거에서 내려 낑낑거리며 자전거를 끌고 오려니 했었다.

그러나 놀랍게도 그는 당당하게 자전거에 올라탄 채로 상당히 빠른 속도로 날렵하게 언덕을 올라채고는 보란 듯이 마당까지 단숨에 들어서는 것이었다.

"아니, 박 시인 하체가 그렇게 다부졌나? 놀랍네!"

나의 감탄에 그는 머쓱한 표정이 되어 웃더니 더 이상

대꾸 없이 나를 집 안으로 맞이했다.

나는 외출에서 막 돌아온 그가 황급하게 식사 준비를 하는 것을 보기가 민망할 것 같아서 그를 차에 태워 근처 음식점에 가서 저녁을 먹을 생각이었다.

하지만, 그는 마침 멸치국물 남은 게 있다면서 간단히 쌀국수나 말아먹으면 어떻겠냐고 했다. 그가 돌아오자마자 다시 외출하는 것도 좀 번거롭겠다 싶어 결국 그의 생각을 따라 그냥 집에서 식사를 해결하기로 했다.

바로 눈앞 부엌에서 그가 분주히 저녁을 차리는 동안, 내가 처음 보는 고급스런 그 자전거 얘기를 꺼낸 것이 뜻밖에도 이런저런 자초지종을 알게 된 실마리였다.

급경사 언덕길을 그가 별로 힘든 기색 없이 무난하게 올라챌 수 있었던 것도 사실 다부진 하체 덕분이 아니라 그 자전거가 전동식 기능을 겸비한 이른바 하이브리드 방식이기 때문이라는 것을 그의 설명을 통해 납득하였다.

그의 이야기 중에서 내 귀에 가장 인상 깊게 남은 것은 화개골에 산다는 그 스님의 밑도 끝도 없는 호의였다. 보통사람이라면 새로 마련한 지 불과 며칠 되지 않은 값비싸고 귀한 자전거를 남에게 아무런 대가 없이 흔쾌히 넘겨주기 어려웠을 것이다. 그런 선의는 차라리 '보시'布施라고 말하는 게 더 적절할 듯했다.

더구나 그 스님은 파킨슨병이 들어 불편한 몸을 운동으로 극복해 보려고 자전거를 열심히 타고 다녔다. 이런 사연이 있는 스님이 자기에게는 다른 자전거가 또 있다면서 박 시인에게 새 자전거를 놓고 갔다. 산골에 살면서 자동차도 자전거도 없이 걸어 다니는 가난한 시인의 평소 모습이 스님의 자상한 마음에 걸린 모양이었다.

나는 '베푸는 자세'에 관해 뭔가 또 하니를 배웠다는 생각이 들었다.

시인의 집을 나설 때 그는 나에게 자신의 음성이 담긴 시낭송 음반을 선물로 건넸다.

나는 캄캄해진 밤길을 달려 구들방에 돌아온 뒤 이부자리에 누워 시인의 음반을 들었다. 내 작은 몸뚱이 하나 드러누운 어둑어둑한 단칸방에 그의 시가 가슴을 파고들며 차곡차곡 쌓여갔다.

옷을 껴입듯 한 겹 또 한 겹 추위가 더할수록 얼음의 두께가 깊어지는 것은 버들치며 송사리, 품안에 숨 쉬는 것들을 따뜻하게 키우고 싶기 때문이다. …

박남준, 〈따뜻한 얼음〉 중에서

수행자의 풍모

문경 땅 깊은 산속 그 스님이 홀로 지내는 암자로 들어서는 오솔길에는 떨어져 내린 낙엽들이 수북했다. 오랜만에 다시 찾아온 길이었다.

100살 넘게 사시다가 몇 해 전 입적한 노스님의 부도浮屠 (고승의 돌탑무덤)는 인적 드문 숲속 작은 정원에서 여전히 고요함을 누리고 있었다. 부도를 막 지난 곳에 내가 오랜 인연을 맺어온 스님의 암자가 있었다.

바람 소리와 새소리 그리고 낙엽 구르는 소리 외에는 조용하기 이를 데 없는 암자의 정적을 깨뜨리는 내 차 엔진 소리에 스님은 벌써 마당에 나와 나를 기다리고 있었다.

석 달 동안의 하안거夏安居 수행을 마친 뒤에 다시 한 달

을 이어 붙여 '산철수행'(추가 수행)까지 무려 넉 달에 걸친 철저히 고독한 면벽 정진精進(벽을 마주 대한 채 몰입하는 참선)을 막 끝냈을 때 수행승의 마음은 어떨까?

스스로 자기 자신의 몸과 마음을 엄격한 규율 속에 단단히 가둔 채, 계절이 바뀌도록 '극복과 해탈'을 향해 오직 한마음으로 불태운 그 뒤끝은 어떤 상태일까?

바깥세상 사람으로서는 알 듯 모를 듯한 이야기이다. 어쩌면 지긋지긋하고 넌더리나는 전쟁터를 비로소 벗어난 참으로 엄청난 '시원함' 같은 느낌도 들지 않을까. 이런 짐작을 하면서 암자 마당에 들어섰다.

오랜만에 뵙는 스님의 첫 인사는 엉뚱하고 담백했다.

"이것이 제주도 수선화인데 향기가 정말 대단해요. 제주도에 사는 지인이 씨앗을 보내 주어 심었거든요. 이 수선화가 피었을 때 화장실 같은 곳에 갖다 두면 진한 향기가 진동해요."

스님과 대화할 때마다 매번 느끼는 일이지만, 아무리 오랜만에 만나도 시간의 간격은 아랑곳하지 않고 앞뒤 맥락 없이 몇 마디 말을 툭 끊어 던진다. 이런 스님의 화법에 익숙해진 지도 상당한 세월이 흘렀다.

나는 간혹 암자 방 안으로 들어가 오랜만에 예(禮)를 갖추어 맞절과 합장을 할 때도 있었다. 하지만 이번엔 그냥 마당에 선 채로 스님에게 말했다.

"바로 출발하시죠! 점심 공양(식사)은 나가서 가은읍에서 하시면 어떨까요?"

내 말에 스님은 기다렸다는 듯 방에 들어가더니 이미 꾸려 놓은 걸망을 챙겨 마루에 털썩 놓은 뒤 겉옷을 걸치러 다시 방으로 들어갔다.

"스님, 이번에 지리산에 가시면 그곳 후배들과 섬진강 지역 걷기를 하신다면서요? 요즘 아침저녁으로 날씨가 부쩍 추워졌으니 두툼한 패딩 점퍼 같은 것도 가져가시면 좋을 것 같은데요."

"그럴까요?"

우리 두 사람은 읍내에서 점심을 함께했고 자리를 옮겨 커피도 한 잔 마셨다. 그때 내가 스님의 오랜 친구인 데레사 수녀의 근황을 물으면서 그날 하루의 일정이 졸지에 추가되었다. 아니 내 스스로 제안한 것이었다.

"데레사 수녀님은 요즘 어느 성당에 계십니까? 씩씩하신 모습은 여전하시죠?"

"김해성당에 있다는데 아직 가 보지는 못했어요."

"오늘 지리산 가는 길에 김해에 들러 수녀님도 뵐까요?"

"그럼 나야 좋지만, 처사님이 운전하려면 고생할 텐데…."

"괜찮습니다! 어차피 남해고속도로를 타야 하는데 거기서 조금만 더 아래쪽으로 이동하면 될 테고…. 수녀님과 모처럼 셋이 저녁식사라도 같이하면 좋지 않겠습니까?"

스님도 나도 처음 가 보는 길이었다. 내비게이션에 찍힌 대로 성당 근처에 이르렀을 때 스님은 꽃집에 들르자고 했다. 그 성당에는 처음 가는 길인데 수녀님이 좋아하는 국화꽃 화분이라도 하나 사들고 가야겠다는 말씀이었다.

마침 길가에 있는 꽃집 두 군데에 갔지만 스님이 생각하는 물건이 없었다. 그 바람에 낯선 도시의 만만치 않은 거리를 두세 번 빙빙 돌면서 다른 꽃집을 찾아보았지만 영 보이질 않았다.

나는 할 수 없이 아까 스님이 들렀던 그 꽃집에 다시 차를 세우고 안으로 뛰어 들어가서 주인에게 좀더 정확한 정보를 얻은 뒤에야 가까스로 스님이 원하는 화분을 구하게 되었다. 스님은 꽃봉오리가 앙증맞은 노란 국화꽃이 수두룩하게 담긴 꽤 큰 화분을 챙겼다.

그사이 시간이 지체되는 바람에 수녀님에게서 전화가

걸려왔다.

"아니, 근처에 다 오셨다면서 왜 안 오세요?"

스님이 상황을 설명했다.

"다름 아니라 그 성당에는 처음 가는 길이고 꽃을 좀 사느라고 시간이 걸렸어요."

평생을 승려로 또 수녀로 살아온 두 양반이 교류하는 것을 나는 오래전부터 익히 알고 있었다.

스님은 가끔 나에게 데레사 수녀 이야기를 전해 주었다. 수녀님은 스님이 머무는 암자마다 빼놓지 않고 찾아와서 반찬도 가져다주고 청소도 해 주고 핀잔도 한다고 했다.

두 양반이 마치 남매처럼 사이좋게 지내는 모습이 내가 보기에 무척 아름다웠다. 요즘 표현으로 '썸 타는' 소년소녀처럼 서로 마음을 주고받는 모양새를 가까이서 지켜보면 즐거운 미소를 머금게 된다.

두 양반을 보면 부처님과 예수님이 어느 날 서로 은밀히 만나서 고독한 두 수행자를 의남매의 인연으로 맺어 준 것 같은 상상이 들곤 한다.

스님과 나는 데레사 수녀와 후배 수녀가 머무는 이른바 '남성 출입금지 구역'인 성당 뒷방으로 특별히 안내되어 잠시 대화를 나누었다. 나는 두 수녀에게 내가 쓴 책《가끔은 고독할 필요가 있다》를 선물로 건넸다.

내 차를 성당 뒷골목에 두고 저녁식사를 위해 수녀님이 운전하는 차에 동승했다. 수녀님이 각별히 정해 둔 식당은 꽤 먼 곳이었다. 가는 동안 수녀님이 운전하는 모습을 유심히 지켜보니 역시 여걸답게 터프하고 시원시원한 성품이 느껴졌다. 나도 모르게 또 빙그레 미소를 지었다.

식사를 하고 나서자 벌써 캄캄한 밤이 되었다. 김해에서 지리산은 상당히 먼 길이었다. 구례에 도착할 즈음이면 밤 10시가 훨씬 지난 시각이 될 것이 뻔했다. 우리 셋은 성당 마당에서 작별 인사를 나누었다. 짧았지만 뭔가 애틋하고 묵직한 감정이 스쳤다.

"스님! 오늘 수녀님 보기를 잘했지요?"

"좋지요. 처사님은 하루 종일 운전하느라 힘드셨죠?"

"힘든 건 사실이지만 저도 마음은 개운합니다. 조금 힘든 대신에 즐겁고 의미 있는 시간이 주어졌으니 그것으로 된 것이죠."

지리산으로 향하는 내내 고속도로에는 밤비가 주룩주룩 내렸다.

구례 땅에 들어서자 스님은 내 집에서 묵지 않고 그냥 읍내 여관에서 주무시겠다고 했다. 내 집에 묵을 것을 재차 권했으나 스님 생각은 단호했다. 이곳 지리산 조카 집에 가서도 단 한 번도 묵은 적이 없다고 덧붙였다. 그게 서로 편하다는 것이었다.

입장을 바꾸어 생각하니 스님 생각에 수긍이 갔다. 나는 읍내 중심지에 들어서서 살피다가 여관 네온사인을 발견하고 스님을 그리로 안내했다. 읍에서 가장 오래된 허름한 여관이었다. 밤이 늦어 더 나은 숙소를 찾아다니려는 생각을 접어야 했다.

스님은 전혀 개의치 않았다. 이제 잘 도착했으니 어서 집에 가서 잘 쉬라고 했다. 우리의 긴 여정이 마침내 막을 내리는 순간이었다.

산자락 구들방에 장작불을 피우기에는 너무 늦은 시간이었다. 방 안은 썰렁했다.

그러나 이런 상황에 매우 적절한 대비책이 있었다. 그것은 바로 오래전에 암자를 찾아간 나에게 스님이 종무소 직원에게서 얻어 준 전기 황토매트였다.

전원을 켠 매트에 고단한 몸을 누이자 이내 따뜻함이 전해졌다. 이제 추위에 떨지 않고 잘 만했다. 긴 하루였다. 몸뚱이는 무척 고단했다. 하지만 마음은 전혀 피곤하지 않았다. 내 안의 '그놈'은 말짱했다.

나는 서둘러 잠 속으로 들어가기 위해 잡념을 멈추고 들숨과 날숨에 잠시 집중했다. 어느새 깊은 잠에 빠졌다.

스님은 다음 날부터 이틀 동안 쌀쌀한 날씨 속에서 아침부터 저녁까지 내내 진안 땅 섬진강 발원지 '데미샘'에서부터 섬진강댐 부근까지 상류지역을 각지에서 모여든 자발적 탐방자들과 함께 걸었다.

그는 여러 해 전에도 '지리산 둘레길'을 복원하는 시민운동에 묵묵히 동참했었다. "남들 앞에 드러내는 일은 도무지 부끄러워서 내키지 않는다"는 그었지만, 시끄러운 말보다 행동과 실천이 필요한 일에는 언제나 서슴지 않고 조용히 힘을 보태는 모습은 여전했다.

걷기를 마친 날 그는 광주에 가서 오랜 인연을 만난 뒤에 다시 문경 수행처로 돌아갈 예정이었지만, 나의 자동차를 타고 가시라는 제안은 극구 사양했다. 버스 편을 이용해 광주에서 대구로, 대구에서 다시 문경으로 이동하면 된다는 것이었다. 사실 대중교통으로 하루 종일 걸리는 여정이었다.

다음 날 저녁 무렵 스님에게서 전화가 왔다.

"조금 전 암자에 잘 들어왔습니다. 잘 지내다 또 봅시다."

나는 스님을 1년 동안에 고작해야 두세 번밖에 만나지 못한다. 하지만 그를 만나고 나면 언제나 내 마음은 무척 개운하고 말끔해지는 느낌을 받곤 한다.

《그리스인 조르바》를 쓴 니코스 카잔차키스의 글에 이런 대목이 있다.

"인간의 영혼이란 기후, 침묵, 고독 그리고 함께하는 사람에 따라 눈부시게 달라질 수 있다."

116

풍경이 낳은 아름다운 우리말
이내, 윤슬, 볕뉘

지리산과 섬진강에서 날마다 누리는 참으로 아름다운 풍경은 헤아릴 수 없을 만큼 수두룩하다. 그중에서 계절과 상관없이 하늘과 태양이 대지를 향해 '빛'으로 빚어내는 세 가지의 절묘하고 신비로운 풍경은 사람의 언어 표현을 뛰어넘는다.

하지만 사람들은 그 놀랍고 감동적인 풍경을 언어를 통해 최대치로 근접하게 그려내고자 한다. 더구나 그 아름다움을 직접 경험하지 못한 다른 사람에게 전하려면 언어를 통하지 않고서는 달리 방법이 없다.

사람이 언어가 필요한 절실한 이유이자 언어가 한계를 가질 수밖에 없는 이유는 자연을 통해 저절로 드러난다.

나는 이 글을 통해 민난 인연 깊은 당신에게, 하늘의 '빛'이 대지에 선물한 아름다운 조화를 담아 놓은 세 마디의 참다운 우리말을 이곳 지리산에서 당신과 공유하고 싶다.

그리하여 이 아름다운 우리말 세 마디가 널리 퍼져서 특히 '코로나'에 시달리는 모든 사람들이 이들 표현이 안내하는 그 풍경을 직접 맛보면서 몸과 마음을 평화로이 치유하는 모습을 보고 싶다.

이내

저녁 무렵 하루의 모든 기운을 하늘이 다시 거두어들이면서 해가 산 너머로 막 사라진 직후에, 이윽고 밤이 오고야 만다는 것을 알리는 낮도 밤도 아닌 그 완충의 일몰 시간에, 해가 방금 사라진 하늘가에 감도는 푸르스름한 기운.

나는 이 신비로운 빛깔을 거의 날마다 바라보기를 좋아한다. 어느 농부가 방금 집으로 돌아간 그 들녘 너머로 펼쳐지는 그 풍경은, 내가 결코 보잘것없는 존재가 아니라는 것을, 나는 하늘과 대지가 함께 빚어낸 무한함을 가진 존재라는 것을 숨이 벅차도록 일깨워 준다.

나는 깊이를 알 수 없는 '사랑' 속에 놓여 있으며, 나는 사랑을 잘할 수 있도록 만들어졌으며, 그 이외의 것들은 사랑을 깨닫도록 하기 위한 방식이자 치장물에 지나지 않는다는 것을 느끼게 된다.

그 푸르스름한 기운과 하나 되어 나는 내 삶의 본질로 다시 회귀한다.

윤슬

거의 날마다 내가 자주 놓이기를 좋아하는 구례 간전 그 섬진강변 쉼터에서, 산마을 저 아래 호숫가에서, 하동 고소산성 언덕에서, 그리고 해발 1,000m 형제봉 산마루에서, 햇살을 듬뿍 머금은 섬진강과 호수의 물결이 은비늘과 금비늘처럼 반짝거리는 순간.

지리산에서 '윤슬'을 볼 때마다 내 마음속에서도 그 무엇이 하나 되어 수없는 광채의 파편에 감싸인다. 그 순간 나는 '빛'으로부터 왔으며, '빛'이 되어 사라질 것 같다는 짐작과 예감에 사로잡힌다.

내가 어디서 어떤 형편에 놓이든 나는 언제나 '빛'과 함

께 있음을 잊지 말아야 한다는 것을 되새긴다. 내 삶은 처음도 끝도 반짝이는 그 무엇이다.

볕뉘

마을 뒷산 솔숲을 거닐 때, 남원 운봉 서어나무 숲속에 고요히 앉아 있을 때, 화순 모후산 오래된 절의 일주문을 지나 그늘진 오솔길을 걸어갈 때, 오대산 선재길 전나무 숲에서, 정선 비행기고개에서 가리왕산 회동마을로 들어설 때, 나뭇가지와 잎사귀들 사이로 햇살이 숨바꼭질하듯 직선으로 대지에 내리꽂는 '빛의 칼'!

아침이 찾아와 마당 나무들 틈새를 비집고 드디어 어두컴컴한 나의 구들방 안에까지 도착한 햇살이 윗목을 환하게 비추며 귀여운 작은 먼지들이 춤출 때, 나는 그 '볕뉘'와 서로 정답게 인사를 나눈다. 하늘이 내린 빛이 나의 눈길을 사로잡는 현혹의 미끼이자 나를 눈뜨게 하는 실마리다.

그 '빛의 칼'에 나는 수없이 베이었다. 칼이면서도 사람을 살리는 그 활인검活人劍에 어느 숲길에서 그대도 한번 베이어 보라!

122

지리산에 내려온 이유

지리산 생활 11년째다. 이곳 생활을 견디지 못해 서울로 되돌아가는 시행착오 없이 10년 넘도록 별일 없이 지내고 있다. 나 홀로 지리산 정착을 잘 이룬 셈이다.

방송사에서 33년 치열했던 사회생활을 마쳤을 때, 나는 기다렸다는 듯이 즉각 지리산으로 향했다. 전국에서 가장 크고 순수한 대자연이 펼쳐져 있는 곳이지만 그것이 주된 이유는 아니었다.

가장 핵심적인 이유는 간단했다. 길게 남지 않은 나의 인생을 '나답게' 살고 싶어서였다. 나에게 남아 있는 시간을 오롯이 나를 위해 집중함으로써, 나 자신에게 '참다운 생명'을 불어넣고 싶어서였다.

124

서울에 있어 보았자 나의 시간은 '죽은 시간'이 될 게 뻔했다. 생명력을 가진 시간과 죽은 시간 중에서 선택은 명백했다. 친숙한 사람들 틈에 그냥 끼어 '존재감'을 '관계' 속에서 찾는다는 것은 헛되고 헛된 일이라는 것을 나는 일찌감치 체험적으로 알아차렸다.

존재감이란 자기 바깥에서 찾아지는 게 아니라, 스스로 진정한 자기 자신을 마주할 때 비로소 저절로 드러나는 '내면의 일'이라는 것을 나는 알고 있었다. 존재감을 다른 사람들의 평가에 의존해 부여받는 것인 양 착각하는 것은 어리석은 허방임을 나는 깨우치고 있었다. 관계나 명함들은 진정한 나 자신이라고 할 수 없었다.

'나'라는 사람의 본질은 하늘로부터 육체와 호흡을 선물로 받아 땅에서 태어난 그냥 하나의 '생명존재'being라는 각성을, 나는 수없는 나 홀로 시간들 속에서 건져냈다.

제아무리 권세가라고 한들 마지막 숨을 미루어 보려고 권세를 사용할 수 없다. 천하제일 부자인들 마지막 숨을 연장하기 위해 돈을 쓰는 것은 불가능하다. 하늘은 모든 인간의 숨을 맨 마지막에 공평하게 또 가차 없이 거두어 간다.

고개 넘어 남원 시내에 가서 기능성이 좋은 운동화를 큰 맘 먹고 한 켤레 샀다. 오래전부터 신었던 그 해묵은 운동화는 세월 따라 밑창이 다 삭아 버린 줄 모르고 읍내 5일장에 나갔다가 마침내 밑창이 떨어져 나갔다.

나는 날마다 두 발로 걷거나 차를 타고 달리는 두 가지 일 중 하나를 반복하며 살아가야 하는 처지라서, 푹신하고 편한 신발은 긴요한 물건이다.

서울에 있는 여러 켤레의 정장 구두는 이제 거의 쓸모가 없어졌다. 나는 앞으로도 구두를 신는 삶이 아니라 운동화나 등산화를 주로 신는 삶을 살아갈 것이다.

나는 내가 지리산에 내려온 이유를 앞으로 나의 새 운동화가 다 닳도록 스스로 계속 입증해야 할 것이다.

야외 독서

날씨가 풀리자 한동안 꽁꽁 얼어붙었던 마당과 부엌의 수도꼭지에서 드디어 물이 다시 쏟아져 나왔다.

지난 며칠 동안 물 공급이 전혀 되지 않는 상황에서 그나마 생수를 주전자에 끓이면서 버티었다. 식사도 점심은 주로 집 바깥에 나가 해결했다. 물이 잘 흘러나올 때에는 고마운 일인 줄 모르다가, 물이 얼어붙는 순간부터 힘들고 고단해졌다.

이제 다시 물이 나오니 일상이 고맙게도 한순간에 정상화되는 즐거움으로 바뀌었다. 물에 관한 한 나는 주인공이 아니라 한낱 종속변수에 지나지 않음을 새삼 실감했다.

밀렸던 빨래들을 세탁기에 신나게 돌려서 빨아 널었다.

부엌 싱크대에 쐬쐬쐬하게 널브러져 있던 그릇과 컵 그리고 숟가락과 젓가락을 따뜻한 물로 말끔히 설거지했다. 한마디로 전화위복이었다.

나는 물 덕분이었고, 물은 풀린 날씨 덕분이었으며, 날씨는 따사로운 햇살 덕분이었다. 덕분이란 것도 동그란 원처럼 서로 맞물려 순환했다.

모처럼 영상零上의 푸근함이 감돌자, 괜스레 콧바람을 쏘이고 싶은 생각이 들었다. 여기에 한술 더 떠 내가 종종 해바라기를 즐기는 그 산중턱 인적 드물고 넓은 주차장에 가서 '야외 독서'를 하면 좋겠다는 꽤 괜찮은 아이디어가 떠올랐다. 거기서 자동차를 해가 비추는 쪽을 향해 주차한 뒤, 바람을 막아 주는 차 안에서 책을 읽으면 안성맞춤일 듯했다.

그곳은 내 거처에서 멀지 않은 산수유 마을 맨 꼭대기였다. 절반은 지리산이 감싸 주는 동시에 나머지 절반은 저 멀리 마을과 능선들이 내려다보이는 전망이 시원하게 탁 트인 곳이었다. 한마디로 나에겐 명품 야외 독서실이었다.

모처럼 따사로운 날씨에 산수유 숲속에서 산새들이 부지런히 재잘거렸다. 잠시 눈과 귀를 편안하게 열어 그곳의 '지금 이 순간'을 누렸다. 그러고 나서 책을 펼쳤다. 《상처받지 않는 영혼》이라는 책이었다. 마이클 싱어라는 미국 사람이 쓴 글이었다.

나의 글을 읽고 있는 당신을 위해 그 책의 한 페이지를 옮긴다.

당신은 생각이 아니다. 그럼 난 무엇이란 말이냐? 이 모든 육체적·감정적·정신적 경험을 하는 '그것'은 무엇일까? 당신은 이 의문을 조금 더 깊이 살펴본다. 그러면 경험들을 지나보낸 뒤에 남아 있는 자者를 알아차리기 시작할 것이다. 경험을 경험하는 그를 인식하기 시작할 것이다. 당신은 마침내 경험자인 그 당신이 어떤 특별한 속성을 지니고 있음을 깨닫는, 내면의 어떤 지점에 도달할 것이다. 그 속성이란 순수한 인식, 의식함, 존재한다는 어떤 직관적 느낌이다. 당신은 자신이 거기에 있음을 알게 된다. 당신은 생각을 하든지, 말든지 상관없이 존재한다.

　나 자신 역시 아주 오래전부터 나의 마음속에서 '생각도 감정도 아닌' 그런 '고요한 바탕'에 대해 끊임없이 추적하고 있었다.

　그 고요한 '바탕'은 내가 어떤 생각이나 감정을 일으키기 이전부터 존재하고 있었다. 생각이나 감정이 흐르고 있는 순간에도 항상 떠나지 않고 있었다. 그리고 생각이나 감정이 흘러가 버린 뒤에도 여전히 버젓이 존재했다.

내가 어머니 뱃속에 있을 때부터 아니 그 이전부터 있었고 내 나이 70살이 다 된 지금까지 나를 단 1초도 떠난 적 없는 '내 안의 그놈'은, 내가 서어나무 숲에 조용히 앉아 있을 때, 지리산 능선 위에 서 있을 때, 해 저무는 섬진강변에 앉아 있을 때, 섬진강이 마침내 바다를 만나는 그 솔숲에 놓였을 때, 여지없이 틀림없이 고개를 들었다.

내 안의 그 '존재' 내지 그 '생명'은 아무리 상처를 주려해도 도무지 상처를 받지 않는, 상처로부터 완전히 자유로운 바로 그것이다. 나의 본바탕은 바로 그것이다. 그것이야말로 내 안에서 '불변'이다.

그것은 당신 안에도 버젓이 있다. 그것은 당신 일상의 가장 근본적인 바탕이다. 그 '바탕'이 있기에 당신과 나의 일상은 별일 없는 평범한 하루 속에서 가장 큰 '기적'을 이룬다.

101번째 안부

"친구야! 엄동설한에 지리산에서 잘 지내냐? 그래도 이렇게 너의 안부를 묻는 사람은 나밖에 없지?"

"아니, 너는 101번째야. 나에게 안부 묻는 사람 아주 많아! 하하하!"

나의 대답은 순 거짓말이었다.

정확한 진실은, 가족과 친구 몇 명과 소수의 지인들에 이어 나의 안부를 물어온 서울의 그 동창생은 대략 10번째쯤 되었다.

멀리 떨어져 평소에 얼굴을 자주 볼 수 없는 나에게 안부를 묻는 사람의 숫자가 10명쯤 된다면 그런대로 괜찮은 편이라는 생각이 든다. 이 정도면 아주 버림받은 신세는

면한 것 아닐까.

나의 평생 경험에 비추어, 대부분의 사람들은 주변의 다른 사람에게 별다른 관심을 보이지 않는다. 굳이 내가 먼저 건드리지 않는다면 그쪽에서 먼저 안부를 궁금해 하거나 먼저 관심을 나타내는 사람은 매우 드물다.

당신이 인기 연예인이 아니라면 당신도 아마 마찬가지일 것이다. 대개의 세상 모습이 이러할진대 설령 당신이 무척 외로운 처지이더라도 너무 서러워하거나 슬퍼하지 말라는 뜻이다.

사람들은 대부분 굳이 옆구리를 쿡 찔리고 난 뒤에야 마지못해 슬쩍 잠시 반응할 뿐이다. 내가 짐작하기에 그 까닭은 이렇다. 대개의 사람들은 마음을 '퍼주는' 것에는 익숙지 않고 마음을 '받는' 것에만 정신이 팔려 있기 때문이다.

자기 마음을 다른 사람에게 퍼주는 사람은 매우 귀하다. 따지고 보면 세상이 이처럼 거칠고 삭막한 이유는 퍼주는 사람보다 받기만 원하는 사람의 수가 훨씬 더 많기 때문이다.

따라서, 마음을 받는 쪽보다 마음을 퍼줄 줄 아는 쪽의 비중이 더 커질 때 비로소 세상은 그만큼 더 밝아지고 살 만한 곳이 될 것이다. 더구나 마음이란 신통한 화수분 같아서, 아무리 퍼주더라도 닳거나 부족해지지 않는 법이다.

자기 형편도 무척 어려운 사람이 남에게 마음을 잘 베푸는 미담이 가끔 뉴스를 타는 까닭은 그런 사례가 매우 드물기 때문이다.

평생 단 한 번밖에 주어지지 않는 인생길에서, 훗날 자기 자신이 살아온 모습을 되돌아볼 때 베푼 일이 별로 기억나지 않는 사람의 마지막은 무척 허탈하고 쓸쓸할 듯하다.

산마을의 인생 고참 노인들이 가끔 나에게, '즐겁게' 사는 데에서 한 걸음 더 나아가 '사이좋게' 살면 베스트 인생이라고 귀띔해 주는 것은 커다란 선물 보따리를 안겨 주는 일이라는 생각이 든다.

　석가모니 붓다에게 제자가 물었다.

　"스승님! 사람들이 죽는 순간을 지켜보면 얼굴 찡그리며 두려움 속에 죽는 사람들이 많던데, 왜 그럴까요?"

　붓다가 빙그레 웃으며 말했다.

　"대개의 사람들은 그러하지만 그렇지 않은 사람들도 있다. 자기 자신에게만 집착한 사람은 얼굴 찡그리며 두려움 속에 죽는다. 반면에 미소 지으며 평화롭게 마감하는 사람도 있다. 그 반대로 살아온 사람이다. 선한 공덕을 쌓은 사람이다."

일상을 박탈당한 재벌 총수

죄를 지어 감옥에 간다는 것은 한 인간이 겪는 일로서는 최악의 조건을 맞이하는 것이다.

최악의 조건이라고 부르는 이유는 무엇보다 개인적 '일상'을 강제로 송두리째 빼앗겨 버리는 것이기 때문이다. 일상을 통째로 압수당한 사람에게 그 삶은 육체적으로나 정신적으로나 가장 큰 고통이자 살아서 맞이하는 지옥과 같을 것이다.

이른바 '국정농단 사건'에 휘말린 S 그룹 총수가 같은 재판 과정에서 한 번도 아니고 두 번이나 옥고를 치르는 일이 벌어졌다. 처음부터 쭉 갇힌 것도 아니고 중간에 집행유예로 잠시 풀려났다가 다시 갇히게 되었으니, 오히려 더욱 견디기 어려운 처지에 놓였으리라고 짐작한다.

나는 이 글을 통해 그의 죄를 논하거나 행실의 잘잘못을 따지려는 것이 아니다. 내가 말하고자 하는 대목은 다음과 같다. 우리나라에서 가장 많은 재산을 가진 사람조차 일상을 빼앗겨 버린 그 순간부터, 한 인간으로서의 삶이 크게 망가지게 됐다는 것이다.

일상이라는 '주춧돌'이 빠져나가는 순간, 그는 재산과 상관없이 하루아침에 일생일대의 허탈감과 막막함에 놓여 그가 이전까지 지녔던 모든 것들의 가치가 함께 봉쇄되는 이른바 '올스톱' 상태를 맞이하게 되었다.

다른 사람들과 마찬가지로 일상이 자유롭게 주어지지 않는 한, 개인적으로 그가 하고 싶은 아주 소소한 최소한의 일마저 차단되고 제약받는 딱한 처지가 되었다. 보통사람들보다 훨씬 더 열악한 처지에 놓이게 된 것이다.

비행기 일등석에 앉아 전 세계를 누비던 그는 이제 작은 독방에서 자기 자신과 처절한 싸움을 벌이게 되었다. 앞으로 그도 일상이 얼마나 소중한 것인지 절절하게 깨닫게 될 것이다. 그런 자각은 인생길에서 훌륭한 공부가 되리라.

　세상 그 누구에게나 일상은 삶의 기초다.　삶의 기초가
무너져 내리거나 닫혀 버린다면 그때부터 삶은 종전의 의
미를 잃고 방황하기 시작한다.

　그러나 방황은 끝이 아니라 '과정'이다.　방황은 다시 새
로운 의미를 찾아 떠나는 일이다.　당신과 나는 아직 물러
나지 않고 있는 코로나 팬데믹 아래 방황할망정 그 방황의
끈을 아예 놓치는 '당황'으로까지 번지게 할 필요는 없다.

산자락 마을에 다시 한파가 닥쳤나. 늦은 오후가 되자 구들방 공기가 몹시 차가워지는 것이 느껴졌다.

부엌으로 가서 수도꼭지를 아주 조금 틀어 물이 똑똑 떨어지게 만들어 놓고는 밤중에 몇 차례 싱크대에 가서 물이 얼어붙지 않고 계속 흐르는지 살폈다. 물이 탈 없이 흐르는 아주 작은 일이 나에겐 무척 다행하고 소중한 일이었다.

나는 비좁아진 나의 일상 속에서, 그래도 아직 주어지는 괜찮고 다행한 일을 다시 발견하기 시작했다.

코로나 팬데믹 1년 되던 날

겨울 추위가 극심해진다는 대한大寒 날이었지만 오히려 푸근한 편이었다. 섬진강변의 낮 기온은 영상 10도를 가리키고 있었다. 이제 보름 뒤에는 봄의 문턱에 들어선다는 입춘이다.

TV를 켜자 뉴스에서는 오늘이 바로 국내 코로나 19 확진자가 최초로 발생한 지 꼭 1년을 채운 날이라는 것을 주요 소식으로 알렸다. 그리고 드디어 머지않아 한국에서도 백신 접종과 치료제 투여가 시작되어 희망이 싹트고 있다고 전했다.

집안 가족들과 가까운 친구들과 지인들 그리고 나 자신도 지난 1년 동안 모두가 별 탈 없이 잘 버티면서 살아온 일이 참으로 다행스럽게 여겨졌다.

마침 날씨도 푸근해진 터라 왠지 바깥바람을 쏘이며 나 혼자서라도 뭔가 마음을 정리하면서 조용히 자축하고 싶었다.

어디를 가 볼까 하다가 섬진강 맨 끄트머리 남해 바다와 합류하는 그 솔숲이 떠올랐다. 거기에 가서 강이 마침내 소멸하고 바다가 시작되는 모습을 다시 보고 싶었다.

기나긴 코로나 이야기도 언젠가 끝나길 기대하면서…. 일상을 되찾아 삶이 원상회복되길 바라면서….

나에겐 너무나 익숙한 그 강변길에서는 마침내 꽃을 피울 날을 준비하고 있는 벚나무와 매화나무들이 뭔가 앙상한 느낌보다는, 땅속 깊은 뿌리에서부터 생기를 은밀히 끌어올려 조금씩 아주 조금씩 모습을 바꾸고 있는 느낌이 들었다.

가는 길에 일단 점심을 해결하려고 화개 저 안쪽 내가 아는 식당으로 향했다. 그 식당의 공식 메뉴는 아니었지만, 내가 주인에게 부탁하면 맛있게 끓여 주는 떡국이 생각나서였다.

식당으로 들어서자 마당 입구에 놓인 나무그네에 혼자 앉아 있는 나이 든 할머니 한 분이 눈에 띄었다. 그네를 흔들면서 심심함을 달래려는 듯 휴대폰을 열심히 들여다보고 있었다.

저 양반은 누구냐고 주인에게 물어보니 멀리 충청도에서 오신 친정어머니라고 귀띔했다. 감염 위험성이 상대적으로 높은 도회지의 아파트에 갇혀 지내는 어머니가 걱정스럽기도 하고 보고 싶기도 해서 한 달 전에 모셔왔다고 했다.

그 얘기를 듣고 나는 식당 주인에게 아주 잘한 일이며, 나의 부모님은 오래전에 이미 세상을 떠난 처지여서 무척 부럽다고 추켜세웠다. 그리고 부모님이 생존해 계실 때 잘해 드리는 게 역시 정답이라고 말해 주었다.

나이 많은 노인은 도회지이든 시골이든 어디를 가나 늘 외톨이처럼 마음 한구석이 쓸쓸하고 적적함을 달래 줄 말벗 찾기가 쉽지 않은 것이 요즘 세태이다. 그 속에서도 거리두기 잘되고 공기 맑은 시골에 편히 찾아올 딸이 있으니 그런대로 다행스럽고 복 많은 양반이라는 생각이 들었다.

늙은 부모 입장에서는 대체로 무뚝뚝한 아들보다 사근사
근한 딸자식을 더 편하게 여긴다는 점은 나도 오래전부터
느끼는 바였다. 그 식당 주인의 어머니를 바라보면서, 상
냥한 딸 둘을 두고 사는 내 처지 또한 퍽 괜찮다는 생각이 새
삼스럽게 머리를 스쳤다.

깊은 산속 옹달샘에서 실개울로 개천으로 마침내 넓은
강으로 흐르는 곳곳마다 수많은 사람들의 일상과 삶의 이
야기를 담아, 마침내 가장 낮게 위치한 바다로 이름마저
버리고 흘러드는 '강의 소멸'과 '망망대해의 시작점' 앞에
나는 다시 찾아와 홀로 놓여 있었다.

내 뒤에 늘 푸른 솔숲이 그리고 내 앞에 느릿느릿 흘러
가는 유장한 물줄기가 있었다. 숲과 큰물의 틈새에 70년
가까이 살아온 한 인생이 있었다.

이곳을 찾아올 때마다 나는 내 인생길의 마지막이 텅 빈
모습이 되리라는 것을 떠올렸다. 삶이란 '마감'을 깊이 받
아들여 거기서부터 되돌아 나오면서 펼쳐질수록 더욱 알
차고 풍요로워질 것이라는 믿음을 다지게 되었다. 나에게

도 분명히 다치게 될 '죽음이 일깨우는 삶' 말이다.

한낮의 쩽쩽한 태양빛을 머금은 큰물은 눈이 부시도록 찬란하게 부서지는 '윤슬'(물의 반짝임)을 빚어내고 있었다.

내가 앉은 벤치 바로 앞 작은 부두에는 일곱 척의 작은 고깃배가 나란히 정박되어 있었다. 어부가 없는 '빈 배'로, 출렁이는 물결 따라 철퍼덕철퍼덕 소리를 내면서 뭔가 마음을 집중해야만 읽을 수 있는 어떤 메시지를 전하고 있었다.

나는 거기서 한참 묵묵히 앉아 있었다. 굳이 입을 열어 말을 내뱉지 않더라도 내 마음속 누군가가 나에게 말을 걸었고, 내 안에 '물끄러미 바라보는 자'가 그 말을 가만히 듣고 있었다.

이윽고 벤치에서 일어나 내 차를 향해 걸어갈 때, 저쪽 맞은편에서 친구로 보이는 젊은 처녀 두 사람이 두런두런 대화를 나누며 걸어오고 있었다. 여행객 같았다.

이쪽의 나는 인생이 저물어가는 사람이었고, 저쪽의 둘은 인생길을 찾고 있는 사람들이었다. 저물어가는 인생도 탐색하는 인생도 모두 따사로운 햇살 아래 눈부신 물결 앞에 놓여 있었다. 햇살도 물결도 인간들 앞에 공평했다.

마을로 돌아가는 길에 평소 친숙한 스님의 암자에 들렀다. 스님은 내가 다실茶室 앞 큰 유리창 앞에 다가서 있는 줄도 모른 채, 몰아지경이 되어 열심히 그림을 그리고 있었다. 내가 큰 소리로 기척을 내자 스님은 그제야 고개를 들어 나를 발견하고는 껄껄껄 환한 웃음을 지었다.

스님과 이런저런 얘기를 나누는 동안에 예상치 못한 반가운 얼굴들이 나타났다. 산 너머 함양에 사는 후배들이었다. 이곳 지리산에서 일단 몇 달 동안 살아 보는 체험을 한다는 50대 두 사람을 대동하여 나들이를 나온 것이었다.

각각 혼자 지내고 있다는 그 사람들과 잠시 대화를 나누다가, 문득 내가 최근에 쓴 다섯 번째 그 책을 한 권씩 선물하면 보탬이 될 것 같다는 생각이 떠올랐다. 내 차 안에 그 책 몇 권을 챙겨 다니던 참이었다.

나는 그들에게 책을 선물했다. 《가끔은 고독할 필요가 있다》라는 제목의 이 책을 나는 가끔 처음 만나는 사람들에게도 마음이 내키면 건네곤 한다.

전혀 모르던 사람에게 내가 직접 쓴 '지리산 인생 이야기'를 들려주는 일은 내 나름 괜찮은 '책 보시'라는 생각이

든다. 새로 내 앞에 불쑥 나타난 새 인연들에게 내기 건네는 최대한의 정중한 인사이기도 했다.

내가 지내는 산마을이 가까워질 무렵 어느새 해가 저물어 어둠이 내리고 있었다. 코로나 1년째 되는 날, 나의 하루는 이렇게 지나고 있었다.

일상을 절절하게 부르짖는 목소리

전 서울시장의 성희롱 파문을 개탄하던 기억이 가라앉기도 전에 이번에는 진보정당 대표의 성희롱 사건이 터졌다. 맑고 깨끗한 대자연 지리산에서 도시의 잘나가던 인간들이 저지른 불미스러운 소식을 접하면 더욱 민망한 느낌이 든다.

성性을 생명의 번식에 국한해서 이용하는 동물이나 식물 그리고 벌레와 곤충에 비해, 유독 인간만이 성을 욕망과 쾌락의 도구로 삼는다. 그리하여 온갖 사건이 오랜 인류사를 거쳐 끊임없이 빚어지는 데는 애당초 '세상의 창조자'가 담아 놓은 무슨 뜻이라도 있을 법하다.

하지만 개인의 의사意思와 존엄성을 존중받아야 하는 한 인간이 타인의 욕망에 의해 피해자가 되어 이루 말할 수 없는 고통에 빠진다면, 그 욕망은 반드시 대가를 치러야 마땅하다.

아울러 고통받는 피해자와 공동체 안에서 함께 살아가는 사람들은, 피해자의 고통을 완전히 사라지게 할 수 없더라도 고통을 조금이라도 덜어 줄 수 있도록 관심과 배려와 공감을 일으켜 따뜻하게 보듬는 마음자세가 필요하다.

고통과 사랑은 인간 사회에서 특정한 개인의 문제에 머물지 않고 주변의 다른 인간들에게 '번져 나가는' 특성을 가졌다. 그리고 사랑은 고통을 어루만져 '녹이는' 특성을 지녔다. 이러한 점에서 우리는 성희롱 문제를 정말로 진지하게 다루어야만 인간다운 세상을 만들 수 있다.

피해자와 그 가족이 바로 우리 자신일 수 있다는 역지사지易地思之의 성찰이 요구되는 심각한 공통의 문제이다.

신문을 읽다가 성희롱 피해여성 두 사람이 인터뷰를 통해 똑같이 절절하게 부르짖는 공통된 '절규'가 있음을 발견했다. 한 사람은 여성 국회의원이었고, 다른 한 사람은 여성 교수였다.

　여성 국회의원은 이렇게 말했다.

　"인간으로서의 존엄을 훼손당한 충격과 고통은 실로 컸다. 이렇게 공개적으로 문제를 제기하고 공식적인 책임을 묻기로 마음먹은 것은, 인간으로서의 존엄을 회복하고 '일상'으로 돌아갈 수 있는 길이라고 믿었기 때문이다."

　여성 교수는 이렇게 말했다.

　"미투 피해자들이 간절히 원하는 것은 가해자 처벌과 '일상 회복'이다."

이들 두 피해여성은 '일상'을 되찾고 싶다고 긴절하게 부르짖고 있었다.

하루하루를 그냥 별 탈 없이 평범하게 지내는 사람이 표현하는 일상에 비해, 이루 말할 수 없는 고통을 받는 사람이 강조하는 일상은 무게와 결이 많이 다를 것이다.

사회적으로 인정받는 성취를 자신의 노력과 능력으로 쌓아온 두 피해여성이 똑같이 내뱉은 그 일상은 한마디로 처절한 절규였다.

이처럼 일상이란 삶의 가장 근본적인 필요충분조건이다. 인간의 일생은 하루하루 일상의 축적물이다. 일상이 쌓여서 그 사람의 일생이 된다.

나의 일상이 소중한 만큼 다른 사람들의 일상도 소중하다. 서양에 이런 속담이 있다.

"그 사람을 이해하려면 그 사람의 신발을 신고 1마일을 걸어 보라."

몸뚱이

병원 가는 일을 달가워할 사람 없겠지만, 그래도 코로나가 아닌 다른 이유로 병원에 가는 것이니 그나마 다행이라 여기면서 상경길에 올랐다.

오랜 세월 동안 당뇨 관리를 하며 살아온 터라 1년에 한 번 합병증은 없는지 안과 정기검진을 하러, 그리고 이튿날에는 치과 임플란트를 하러 줄줄이 병원 예약이 잡혀 있었다.

나이 들어 몸뚱이의 부속품이 여기저기 낡아가는 처지에 당연히 겪어야 할 일이니 마음부터 순응하며 받아들이는 수밖에 없었다.

안과 의사의 입에서 튀어나올 '한마디' 말을 기다리는 시간은 겨우 몇 초였지만, 그 한마디가 내 몸뚱이의 현재 상태와 향후 처치를 가름하는 결정적인 순간이었기에 바짝 긴장되었다.

"전에도 얘기했지만 백내장은 서서히 진행 중이고, 다른 합병증은 특이사항 없네요! 1년 뒤에 또 봅시다."

이만하면 나로서는 대박이었다. 아직은 그런대로 별 탈 없다니 더 이상 바랄 것이 있을까. 나는 흡족한 미소를 지으며 의사에게 크게 고개를 꾸벅여 감사를 표한 뒤 미리 가져간 내 책 한 권을 선물로 건네주고 병원 문을 나섰다.

마취 주사를 몇 방 놓은 뒤 드디어 잇몸을 칼로 째어 인공치아의 심지를 심던 나와 동갑내기 동창인 치과 의사가 혼잣말로 중얼거렸다.

"안쪽 어금니 부분이라서 시술하기도 영 옹색하고 눈도 침침하고 … 어렵네!"

'이 친구야! 당하는 나도 지금 어렵다!'

나도 덩달아 속으로 중얼거렸다.

시술 후 찍은 엑스레이 사진을 보며 치과 의사는 어제 안과 의사처럼 '한마디'를 던졌다.

"그런대로 잘된 것 같네. 이제 석 달쯤 뒤에 머리를 씌우면 되겠지."

내 귀에는 '그런대로'라는 긍정적 뉘앙스가 재빨리 꽂혔다. 이번에도 별 탈 없이 끝났다는 신호였다.

지리산에서 먼 길을 달려와 이틀에 걸쳐 병원 두 군데에서 내가 건진 두 마디의 공통점은 '그런대로 별 탈 없다'는 것이었다.

나의 영혼이 70년 가까이 깃들어 살고 있는 집, 다시 말해 나의 '몸뚱이'가 아직 그런대로 무난하게 굴러가고 있다는 사실이 무척 다행스럽고 참으로 감사하다는 생각이 들었다.

낡아가는 몸뚱이 부품들을 적당히 손봤으니, 이제 또다시 밥 잘 먹고 볼일 잘 보고 잘 걸어 다니면 그만이다. 뭣을 더 바라는데? 뭣이 중한데?

치과 치료를 받은 날 오후에 다시 지리산으로 내려왔다.

연이틀 병원 갔다가 곧바로 먼 길을 장시간 운전했더니 피곤이 몰려왔다. 하지만 서울 간 사이에 차갑게 식어 버린 구들방에 장작불은 피워야 했다.

어둑어둑한 부뚜막 옆에서 비록 고단해도 힘을 내어 도끼질을 했다. 곧 장작불이 살아났다. 그래도 방바닥이 온기를 머금으려면 앞으로 대여섯 시간은 걸릴 판이었다.

잠시 온수매트를 켜고 그 위에 앉아 쉬었다. 눈꺼풀이 점점 무거워졌다. 방 안은 차가웠다. 옷을 껴입고 목도리를 두르고 벙거지 모자를 뒤집어쓰고 이부자리에 몸뚱이를 뉘였다. 바로 곯아떨어졌다. 잠든 사이에 방바닥이 따뜻해져 세상모르는 깊은 잠을 잤다.

다음날 아침에 깨어났는데 왠지 머리가 좀 어지러웠다. 잠시 후 헛구역질이 났다. 뭔가 체한 듯한 느낌이 들었다. 방 안을 이리저리 뒤진 끝에 오래전 한의사 후배가 챙겨 준 환약을 찾아내어 먹었다. 곧 트림이 나왔다.

이윽고 어지러움이 가라앉았다. 후배를 떠올리며 감사함을 새겼다.

오후가 되어 햇살이 환해지면서 나의 몸뚱이도 평소의 컨디션을 되찾았다. 몸뚱이가 전체적으로 이상 신호를 보내지 않으니 나는 다시 '일상'으로 되돌아왔다.

차를 몰고 순창 고추장 마을로 향했다. 곧 설날이 멀지 않아 가까운 몇 사람에게 선물할 작은 정성이라도 마련하고 싶어서였다. 머릿속에서는 여러 얼굴들이 떠올랐지만 가면서 그 숫자를 조금 줄였다.

고추장집 아주머니는 나를 반기며 내가 고른 고추장단지들을 정성스럽게 포장해 주었다. 무려 2만 5,000원짜리

모듬 젓갈도 덤으로 얹어 주었다. "평소 눈이 침침하시더니 요즘은 어떠세요?"라고 내가 안부를 묻자, 아주머니는 대수롭지 않다는 듯한 표정으로 "그냥 그런대로 지내요"라고 말했다.

돌아오는 시골길을 달리면서, 이제 내가 챙긴 고추장이 나의 인연 몇 사람의 '몸뚱이'에 맛있게 들어가서 그 사람들의 몸뚱이가 여전하게 '별 탈 없이 그냥 그런대로' 작동하기를 바랐다.

몸뚱이가 별 탈 없이 그냥 그런대로 지낼 수 있는 것은 큰 복이다. 몸뚱이가 말썽을 부리지 않는다면 참으로 감사한 일이다. 나는 지난 사흘을 되돌아보면서 아직 쓸모 있는 나의 눈과 나의 잇몸과 나의 팔다리와 나의 내장을 비롯한 몸뚱이 전체에 감사를 표했다.

그리고 그 몸뚱이 안에서 나의 영혼이 잘 지내고 있는 것보다 더 나은 일은 없다고 되새김했다. 몸과 마음이 가지런하면 그것으로 충분했다.

마음 두기

노년에 접어들수록 하루하루 살아가는 일상 속에서 자기 마음을 어디에 두는지는, 영혼과 몸에 상당한 영향을 미치는 듯하다. 영혼은 어둡지 않게 그리고 몸은 아프지 말고 살아야 삶이 원만해진다. 그래야 몸과 마음의 그릇에 행복도 잘 담긴다.

우리나라에서 몸과 마음이 별 탈 없이 정상적으로 작동하는 모든 사람들 중에서, 아마 보기 드문 극소수의 최고령자에 해당할 것이 틀림없는 분을 꼽는다면 '김형석 선생님'(전 연세대 교수)일 것이다.

김형석 교수는 올해 나이가 만으로 101살이다. 중뿔날 것 없는 잔잔한 일상에 관한 한 그분은 '국내 최고의 달인'

이라고 지칭해도 무방할 것이다. 이분은 아직도 지팡이를 전혀 사용하지 않고, 대중교통을 이용하신다. 지방에 강의가 있을 때에는 혼자서 비행기를 타고 다니신다.

최근에 그가 비행기를 타기 위해 공항에 갔을 때 벌어진 에피소드는 무척 인상적이다. 예약을 했는데도 유독 김 교수에게만 탑승 티켓을 주지 않자 그는 이유를 물어봤다. 그러자 항공사 컴퓨터에 이분의 나이가 '1살'이라고 나타났고 겨우 한 살짜리가 그 항공사 비행기를 무려 900번 넘게 이용한 것으로 기록돼 있어서, 어리둥절한 직원이 내막을 파악하느라 지체되었다는 것이었다.

컴퓨터가 승객의 나이를 90대까지만, 즉 두 자리 숫자까지만 읽도록 설정되어 있었던 모양이다. 그래서 101살 되시는 분의 나이가 '1살'로 둔갑한 것이었다.

하기야 100살을 넘긴 그분은 인생길에서 얼마나 숱한 곡절을 겪었으랴!

김형석 교수가 미디어와 인터뷰한 내용 중 '행복'에 관한 말씀은 소중한 가르침을 전한다. 그 내용을 요약하면 이러하다.

"결코 행복해질 수 없는 두 부류의 사람들이 있다. 그 하나는 정신적 가치를 모르는 사람들, 다시 말해 만족할 줄 모르는 사람들이다. 또 하나는 남을 위할 줄 모르고 자기 혼자만의 이익에 빠져 살아가는 사람들이다. 이기주의와 행복은 공존할 수 없다."

김형석 교수의 가르침에 비추어 살핀다면, 행복해질 수 없는 사람들이 살아가는 방식과 반대로 살면 행복하게 될 것이다. 돈과 권력과 명예를 탐하지 않고 자기 자신이 놓인 처지에서 만족을 찾아낼 줄 아는 사람, 그리고 남을 배려하며 함께 행복을 나눌 줄 아는 사람이 진정으로 행복을 누리는 사람일 것이다.

결국 행복과 불행이란 평소 마음을 어디에 두고 사는가에 달려 있다고 볼 수 있다.

올해 94살 되신 나의 작은아버지는 집안 직계 어른 중 유일하게 생존해 계신 분이다. 아버지가 떠나신 후 숙부님을 명절 때마다 찾아뵙고 지낸 터라 올해도 설날을 앞두고 지리산에서 광주로 갔다.

단칸 임대 아파트에서 혼자 지내시는 숙부님은 내가 현관에 들어서자 쌀쌀한 날씨인데도 러닝셔츠 차림에 세면대에서 수건을 빨고 계셨다.　작년 추석 이후 오랜만에 다시 뵈었는데도 여전히 허리는 꼿꼿하셨다.　볼살도 탱탱하셨고 안색도 불그레하니 좋으셨다.

　　연세가 많으신 노인들은 하루하루 모습이 퍽 달라지는 경우가 비일비재한데 숙부님의 모습이 여전하시니 내 마음도 안심되었다.　내 나이 70에 가깝지만 아직도 찾아뵐 어른이 건강하게 잘 계신다는 것은 다행스럽고 감사한 일이다.

　　숙부님은 나와 애기를 나누는 동안에도 TV를 켜서 뉴스를 힐끗힐끗 시청하셨다.　컴퓨터도 잘하시고 세상 돌아가는 사정도 웬만한 것은 알고 계셨다.

　　대화 도중에 숙부님이 TV에 한눈을 파셔도 나는 그런 행동이 거슬리기는커녕 오히려 반갑게 여겨졌다.　왜냐하면 그것은 숙부님이 평소 일상 속에서 하시던 대로 잘하고 계신다는 방증이기 때문이었다.

　　겨울철인 데다가 코로나가 여전히 신경 쓰이는 상황이라 줄곧 집에만 계신 줄 알았더니,　가끔 외출도 하시고 버스 타고 친구도 만나러 다닌다고 하셨다.

나는 작은아버지의 '일상'이 그다지 크게 위축되지 않고 '별 탈 없이' 펼쳐지고 있다는 사실이 조금 놀라웠고 한편으로 다행스럽게 여겨졌다. 그분의 모습과 분위기에서 두려움 같은 기색은 전혀 느껴지지 않았다.

작별 인사를 나누고 다시 지리산으로 차를 몰고 돌아오면서, 나는 작은아버지가 지금 무엇을 하실지 상상했다. 오늘 저녁 내가 챙겨드린 우리 밀국수를 맛있게 드신 뒤, 함께 드린 부드러운 빵 한 조각을 디저트로 잡수시면서 평소 좋아하는 TV 프로그램을 즐겁게 보시는 광경이 떠올랐다. 나도 모르게 미소가 지어졌다.

100살을 넘기고도 여전히 일상을 누리고 사시는 김형석 교수와 90살을 훌쩍 넘어선 작은아버지의 모습이 겹치면서 두 분의 얼굴과 모습이 많이 닮았다는 생각이 스쳤다. 두 분이 마음을 어디에 두고 살아가시는지 알 것 같았다.

'일상'이 크게 흔들리지 않고 잔잔하게 펼쳐지는 사람은 분명히 복 받은 사람이다. 마음을 일상의 잔잔함에 잘 두고 살아가는 사람은 행복한 사람이다.

일상도 애국이 되는 세상

일상 속에서 떡볶이 먹고 치킨 뜯는 일이 세계적으로 주목받게 될 줄 그 누가 알았을까. 바야흐로 한국인의 일상이 글로벌 일상으로 접속되는 세상에 살고 있다.

방탄소년단이 한국의 대표 간식 떡볶이를 맛있게 먹는 모습을 바라본 전 세계의 팬들이 너도나도 큰 호기심에 떡볶이를 맛보고 있다고 한다. 그 소문이 SNS를 타고 전 세계에 퍼지자, 한국의 떡 수출이 급증했다는 뉴스는 눈이 번쩍 귀가 번쩍 하게 만든다.

또 다른 아이돌 슈퍼주니어가 한 멤버의 생일 축하를 위해 치킨 파티를 하는 장면이 공개되면서, 해외 팬들이 침을 꿀꺽 삼키며 언젠가 한국의 치킨을 반드시 맛보고야 말겠

디고 다짐하는 기막힌 일도 벌어지고 있다. 살다 보니 과거에는 상상조차 할 수 없었던 희한하고 흥미로운 소식을 접하고 있다.

국제적으로 유명한 연예인이 되면 하나부터 열까지 머리끝에서부터 발끝까지 세상의 이목을 끌게 된다. 아주 소소한 것도 상업적인 또는 문화산업적인 이른바 '한류 수출'에 톡톡하고 짭짤한 한몫을 한다. 그러니 연예기획사들은 싱글벙글하며 계산과 저울질에 분주할 것이다.

이런 소식에서 내가 주목하는 것은 무엇보다 '일상'이다. 제아무리 인기 연예인이라고 해도 그 사람이 살아가는 기본 바탕은 '일상'이다.

특히 주목받는 사람일수록 오히려 보통사람들보다 더욱더 간절하고 절실하게 일상을 느낄 것이다. 눈코 뜰 새 없이 바쁠수록 그는 '일상의 휴식과 틈새'가 참으로 그리울 것이다. 그의 삶이 마치 어항 속 금붕어처럼 낱낱이 노출될수록 그는 '혼자만의 방해받지 않는 일상'을 목말라할 것이다.

그러고 보면, 세상 사람들의 관심 바깥에 사는 평범한 사람이 되어 일상을 자기 하고 싶은 대로 마음껏 누릴 수 있다는 것은 보통사람에게 주어진 크나큰 축복이다.

일상은 사람을 가리거나 차별하지 않는다. 그러나 사람에 따라 처지에 따라 특히 마음 두기에 따라 주어지는 일상의 폭과 깊이는 천차만별로 다양하다.

일상은 저절로 공짜로 받는 것이 아니라, 자기 마음을 잔잔하고 평화로운 방향으로 움직여서 발견해내는 '보물'이다.

일상은 당신을 거짓으로 대하는 법이 없다. 아침에 깨어나 밤에 잠들 때까지 일상은 온종일 당신 앞에 지천으로 수두룩하다.

다만 일상은 당신이 일상을 온전하게 대할 때에만 당신 앞에 대령된다. 일상은 당신의 마음이 고즈넉하고 여유를 가진 '자석'이 될 때, 그 순간에 수없이 그 자석에 달라붙는 작은 쇠 부스러기와 같다.

코로나 탓에 일상은 우리에게 숨바꼭질하듯 어디론가 숨어 버렸다. 하지만 일상은 사라진 것이 아니다. 일상은 코로나로 힘겨운 이 순간에도 우리 앞에 버젓이 있다.

일상은 행복이 허술한 차림으로 대수롭지 않게 변장한 것이다. 일상은 삶을 노래하는 오선지五線紙 위의 숱한 음표音標이다.

동 파

조마조마 설마설마 했는데 기어코 일이 터지고야 말았다.
이번 겨울은 잘 넘기나 했더니 겨우내 얼었다 녹았다 되풀
이하던 수도꼭지가 한 군데도 아니고 두 군데나…. 내 기
억에 이번이 몇 해 동안 다섯 번째 겪는 동파 $冬破$ 였다.

　얼마 전 몹시 추웠던 날 이미 조짐은 보였다. 그때 수도
전 $水道栓$ 몸통 부분에 금이 갔는지 물이 줄줄 새더니 오늘 아
침에 일어나 보니 아뿔싸! 부엌 바닥에 물이 흥건했다.

　평지보다 기온이 더 떨어지는 산마을에서 물이 얼거나
동파를 겪는 것은, 그야말로 가장 큰일이자 무척 낭패스러
운 일이다.

　싱크대 수도꼭지를 틀자 엉뚱한 부분에서 가늘고 긴 물

줄기가 기다렸다는 듯 더 이상 참지 못하겠다는 듯 사방으로 내뿜어 뻗쳤다. 온통 물벼락을 맞았다.

부엌 바로 옆 탕비실 수도전 역시 쉭쉭 심상치 않은 신음소리를 내며 가느다란 물줄기를 몸통의 금이 간 곳에서 뿜어냈다.

일단 수도꼭지를 다시 잠근 뒤 부리나케 마당으로 달려가 밸브를 잠갔다. 우선 부엌 바닥에 고인 물부터 쉼 없이 훔쳐내야 했다.

하지만 싱크대 아래 저 안쪽 구석에서도 물방울이 똑똑똑 신나게 떨어지고 있었다. 새어 나온 물이 싱크대를 타고 흘러내리는 모양이었다.

불길한 낌새를 알았으면서도 날씨가 좀 풀리면 수도전을 교체할 생각으로 차일피일 미루다가 이 모양 이 꼴을 당했으니 나의 불찰이었다.

문제는 이전과 규격이 똑같은 부품으로 교체해야 한다는 점이었다. 이 대목이 더 한심했다. 나 혼자서 두 군데의 수도전 조임 나사를 무려 1시간 넘게 낑낑거리며 겨우 풀어서 떼어냈다. 그 물건을 직접 철물점 주인에게 보여 주어야 규격에 맞는 제 물건을 구할 수 있기 때문이었다.

서두르다 보니 설상가상으로 그 와중에 작업하다가 손등까지 다쳐 피가 났다. 오늘 수도 터지고 손등 터지고 끝내 피까지 보았다!

세수도 못한 얼굴로 얼른 옷을 껴입고 쏜살같이 차를 몰아 읍내 철물점으로 달려갔다. 두 종류의 수도전을 구해서 다시 산마을로 돌아왔다.

또다시 새 수도전 두 개를 혼자서 조여 설치해야 하는 난감한 작업이 기다리고 있었다. 작업 위치와 동작 공간도 옹색하기 짝이 없어 어깨 결리고 팔 아프고 허벅지 지끈거리고 한마디로 죽을 맛이었다.

몇 년 전 동파를 처음 겪었을 때는 윗마을에 사는 바쁜 후배를 한두 번도 아니고 무려 세 번씩이나 불러 신세를 져야 했다. 그래서 무척 미안한 생각이 들었다.

누가 시킨 것도 아니고 제 발로 지리산 산자락에 들어와 혼자 살고 있는 인간이, 겨울철 웬만한 동파 사고쯤이야 다른 사람 폐를 끼치지 않고 혼자 힘으로 해결할 능력을 갖추어야 마땅하다는 자책감과 독립심이 고개를 든 것은 이즈음이었다.

그런 끝에 지난번 네 번째 동파를 맞았을 때, 나 혼자서 이를 악물고 모든 작업을 해냈다. 대견한 성취감을 맛보자 어느 정도 자신감이 들어 지내던 터에 이번에 혼자로서는 두 번째 위기와 실험무대에 놓인 것이었다.

천신만고 끝에 두 군데 설치작업이 일단 끝났다. 나도 모르게 만세 소리와 대견하다는 자찬을 혼잣말로 중얼거렸다. 하지만 얄궂게도 여기서 끝난 게 아니었다.

드디어 마당 밸브를 다시 열고 집 안으로 들어와 수도전의 이상 유무를 살펴보았다. 어딘가 엉성한 구석이 있었는지 또 엉뚱한 부위에서 물이 새어 나왔다.

바로 여기까지가 나 혼자 해결할 수 있는 한계점이라는 생각이 들었다. 잠시 고민에 빠졌다. 누군가 전문가의 마무리 도움을 받는 게 필요하다는 판단이 섰다.

도대체 누구에게 도움을 요청해야 하나? 머릿속을 이리저리 굴리다가 마침 바로 어제 저녁식사를 같이했던 마음

씨 좋고 순박하고 편안한 읍내 후배가 불쑥 떠올랐다.

전화를 받은 후배는 이 지역에서 귀농·귀촌자들의 이삿짐만 무려 200번이나 무료봉사로 도와준 넉살 좋은 사나이답게, 전혀 귀찮은 기색 없이 "잠시 알아보고 연락드리겠습니다"라더니, 이내 전화를 걸었다.

"저랑 같이 갈 전문가 한 명을 데리고 20분쯤 뒤에 도착하겠습니다."

세상에 반가운 연락이었다.

잠시 후 나타난 두 명 중 다른 한 사람 역시 반갑게도 내가 잘 아는 후배였다. 주로 집을 고치거나 새로 짓는 일은 하는 목수였다.

두 후배에게 자초지종을 설명하자, 두 사람은 각각 싱크대 수도전과 탕비실 수도전에 즉각 달라붙더니 길지 않은 시간에 마침내 해결해 주었다. 부품을 새것으로 교체해야할 곳이 더 남아 있었는데 내가 그만 빠뜨렸던 그 부위가 문제를 일으켰던 모양이었다.

드디어 마당 밸브를 다시 열자, 천만다행으로 하늘이 보우하사 이제는 물이 새는 곳이 전혀 없었다. 이로써 한나절에 걸친 '산마을 독거노인의 동파 사고'는 해피엔딩으로 막을 내렸다.

참으로 고마운 도움을 준 두 후배는 점심을 대접하겠다는 나의 말에 손사래를 치면서, 서둘러 읍내로 돌아가야 한다고 했다. 사실 읍내에서 어떤 사람의 집을 고치는 분주한 작업을 하던 중에 나의 긴급한 SOS 연락을 받고 일하다 말고 달려 왔다는 것이었다.

그 얘기를 들은 나는 두 번째 감동에 젖었고, 두 번째 미안함에 사로잡혔다. 나는 몇 년 동안 아끼며 보관해 왔던 커다란 외국산 술 한 병을 성큼 건넸다. 무슨 대가를 바라고 달려온 것도 아닌 두 후배를 그냥 보낸다면 내내 마음속이 켕길 것 같아서였다.

작업 트럭을 타고 바삐 되돌아가는 두 후배를 물끄러미 바라보다가 마당으로 들어섰다. 부엌으로 다시 가서 탈 없이 말끔해진 수도전의 물을 틀었다. 손을 들이밀자 온수통에서 잘 덥혀진 '따스한 물'이 두 손을 감싸며 흘러내렸다.

그 순간, 그 따스함은 두 후배의 마음속 아름다운 옹달샘에서 쉬지 않고 퐁퐁 솟아나는 '참다운 인간의 심수心水'

라고 여겨졌다.

알궂은 동파의 대반전은 '인간의 온정'이었다. 따뜻한 마음을 가진 사람의 온기가 내 마음에 전해진 것이었다. 동파가 가져다준 값진 선물이었다. 나는 두 후배가 베푼 그 마음을 내 마음 깊은 곳에 새겨 넣었다.

그 일이 있은 지 사흘 뒤 '입춘'立春이 왔다. 이제 곧 산마을에도, 나의 부엌에도, 나의 몸뚱이와 마음속에도 '봄'이 올 테지 … .

일상의 대전환을 꿈꾸는 청년들

이곳 지리산에서 지내다가 나의 자식뻘 되는 30대 청년 세 사람을 우연히 알게 되었다. 그중 둘은 신혼부부이고, 또 한 청년은 아직 장가들지 않은 총각이다.

신혼부부는 부모님이 운영하는 식당과 나란히 위치한 역시 부모님 소유의 커피숍을 새로 맡아 일하고 있다. 미혼 총각은 부모님이 사는 서양식 주택의 공간을 얻어 새로 빵집을 열었다.

세 청년 모두 여력 있는 부모님을 둔 덕분에, 즉 요즘 젊은이들이 쓰는 표현으로 '부모 찬스'를 잘 얻은 덕분에 매우 순탄하게 비교적 큰 고생 없이 사회생활을 막 시작한 모습이었다.

　하지만 넉넉한 가정환경은 그렇다 치고, 나의 눈에는 세 젊은이 모두 퍽 장하다는 생각이 들었다.

　왜냐하면 보통의 젊은이들이 삶의 터전을 선택하는 데 있어 시골보다 도시를 선호하는 경향이 뚜렷한 세태 속에서, 과감하게 귀촌歸村하기로 결심했기에 벌어진 일이라는 점이 내 눈에 비쳤기 때문이었다.

　물론 대다수 청년들이 도시를 택하는 이유 중에는, 시골에 살고 싶어도 마땅한 생계수단을 찾는 일이 수월하지 않다는 이유도 포함될 것이다.

이유야 어떠하든 자기 인생을 펼치는 터전을 젊은 사람들에게는 여러 모로 불편하고 부족한 시골로 삼는다는 것은, 무엇보다 마음의 결단 없이는 꾀하기 어려운 일이다. 바로 이 대목에서 도시와 농어촌 또는 산촌 간의 '균형 발전'은 후손들을 위한 사회적·국가적 과제임에 틀림없다.

내가 인생을 꽤 살아 본 경험에 비추어 얘기하자면, 이들 세 청년은 긴 안목에서 볼 때 상당히 괜찮은 방향을 잡은 듯하다.

인생길은 크게 전반, 후반, 말년 등 세 토막으로 나누어진다.

전반기는 생계문제를 포함해 삶의 기초를 마련하는 시간이다. 후반기는 그동안 만들고 닦은 그 기초 위에서 삶을 본격적으로 활발하게 펼치는 시간이다. 말년은 열심히 달려온 인생길이 어느덧 저물어, 사실 영혼 하나를 빼놓고 나머지 모든 것 중에 그 어느 것도 끝까지 자기 것이 될 수 없다는 삶의 이치를 깨닫게 되는 각성覺醒의 시간이다.

이 모든 과정에서 삶이란 결국 먹고사는 경제의 문제가
아니라, 주어진 순간순간을 얼마나 의미 있게 누릴 것이냐
는 퀄리티, 즉 질質의 문제라는 것을, 그리고 자기가 처한
조건보다는 있는 그대로에 대한 '만족'의 문제라는 것을 나
이를 먹어갈수록 더욱 분명히 느낀다.

특히 삶 전체는 본질적으로 아주 소소한 '일상의 퇴적
(쌓임)' 그 자체라는 것을 어리석지 않은 사람이라면 스스
로 알게 된다.

그래서 나는 이들 세 청년의 인생길 방향 설정이 '괜찮
다'고 말하는 것이다. 인간이란 본디 물질문명 이전 '자연
의 섭리' 속에서 빚어져 마지막에는 다시 자연 속으로 되돌
아가기에 더욱 그렇다.

21세기 현대를 살아가는 인류의 수준은 아직도 도시를
'자연화'自然化 하지 못한 상태에 머물러 있다. 자연화는커
녕 오히려 '물질화'物質化 쪽으로 크게 기울어진 느낌이다.

AI(인공지능)와 자율주행기계의 개발을 '발전'이라고 너
나 할 것 없이 섣불리 받아들이는 것에 나는 생각을 달리한
다. 그런 것을 '발전'이라고 하기엔 아직 이르다.

문명과 기술의 발전은 그 출발점부터 과정의 막바지에 이를 때까지 시종일관 '인간' 또는 '인간다운 삶'을 바탕에 두어야 한다. 이른바 '지혜'가 섞여야 올바른 레시피에 접근하게 된다.

　숲속에 들어가 명상하는 과학자를, 모차르트를 즐겨 듣는 엔지니어를 우리는 매우 소중히 여겨야 한다. 나는 과학에 문외한이지만, 과학이란 갈수록 점점 더 '모르겠다'를 깨닫는 학문이 아닌가 하는 의문을 갖고 있다.

　나는 이 글에서 언급한 세 젊은이가 차츰 평화로운 모습을 갖추어가는 모습을 지켜보고 싶다. 시골을 선택한 이 청년들이 도시의 또래들에게 '참다운 생기'를 불어넣어 주는 모습을 보고 싶다.

　사람이 평화로워진다는 것은 '삶의 완성'이다. 평화로운 사람은 삶과 다투지 않는다. 인생을 가장 잘 살아온 사람의 마지막 모습은 평화이다.

봄맞이

날씨는 쌀쌀했지만 드디어 하룻밤 자고 나면 입춘立春, 그
러니까 마침내 봄이 시작될 참이었다.

어제는 아침부터 저녁까지 글 쓴답시고 온종일 책상 앞
에 앉아 있었다. 하지만 왠지 오늘은 아무것도 하기 싫었
다. '집콕'도 내키지 않았다. 긴 터널 같은 '겨울 마음'을 산
뜻한 '봄 마음'으로 새로 도배하고 싶었다.

마침 멀리 동해 바다 양양에 사는 후배 시인이 〈2월 예
찬〉이라는 시 한 수를 새로 지어 보내왔다.

겨울이 끝나야 봄이 찾아오는 것이 아니라
봄이 시작되어야 겨울이 물러가는 거란다

바깥바람을 쏘이며 어서 봄을 맞이하고 싶었다.

'어디로 가 볼까?'

문득 섬진강 발원지 '데미샘'이 떠올랐다. 섬진강이 맨 처음 시작되고 봄이 실핏줄 같은 여울을 따라 졸졸졸 흘러 퍼지는 곳.

전라북도 진안군 백운면으로 향했다. 나와 인연 깊은 문경 산속 암자의 큰스님이 작년 초겨울에 먼 길을 달려와 섬진강 걷기를 시작했던 곳이었다.

데미샘 입구는 코로나 방역을 위해 출입이 통제되어 바리케이드가 막고 있었다. 아직 겨울이 끝나지 않은 평일 오전에 인적 없는 산중을 기웃거리는 사람은 나밖에 없었다. 괜스레 저 스스로 봄바람 들어 홀로 찾아온 인간에게 데미샘은 '비대면' 상황이었다.

입구 정자 아래 개울에서 물소리가 들렸다. 개울이라도 엿보려고 다가섰을 때, 직원이 나와 무슨 용무로 오셨느냐고 물었다. 지나가는 여행객이라고 답했다. 직원은 친절하게 그러나 장황하게 상황 설명을 늘어놓았다.

나는 길게 들을 생각은 없었다. 애당초 길을 나설 때 어느 정도 예상했던 비였고, 이곳이 초행길도 아니었기 때문이다. 군이 데미샘에 올라가지 못하더라도 그냥 봄 냄새를 맡으러 온 것이었다.

직원은 끈질겼다. 자꾸 꼬치꼬치 물으면서 설명을 계속하려는 눈치였다. 산중에서 혼자 근무하고 앉아 있다가, 코로나 상황에 그것도 때아닌 시간에 불쑥 나타난 내가 생뚱맞게 비쳤을 수 있다. 또 심심하던 참에 마침 내가 잘 나타난 것일 수도 있겠다 싶었다.

나는 군이 통제받을 필요가 없는 아랫마을 쪽에 가서 개울 구경을 하면 그만이었다. 더 이상 방해받거나 번잡해지고 싶지 않아서, 그만 가 보겠다고 직원에게 말했다.

그 자리를 벗어나면서 내 차에 두었던 책 한 권을 건네주었다. 직원은 뜻밖의 방문객에게 선물을 받자 이내 싱글벙글 좋아했다. 이런 것이 다 인연이려니 생각하면서 차를 돌렸다.

잠시 후 나는 한적하고 고즈넉한 어느 개울가에 앉아 맑고 깨끗한 '어린 섬진강'이 조약돌을 쓰다듬으며 넓은 세상을 향해 흘러가는 모습을 한참동안 물끄러미 바라보았다.

물은 투명해서 좋았고, 나는 고요해서 좋았다.

섬진강은 백운면에서 앙증맞은 개울로 흐르다가, 마령면을 지나면서 약간 폭이 넓어져 개천이 된다. 이어서 성수면에 이르면 점차 강의 모습으로 바뀐다.

그다음엔 고을을 바꾸어 임실 땅 관촌이라는 곳을 지나면서 이리 구불 저리 넘실 춤추다가 운암에서 섬진강댐 옥정호에 합류한다.

나는 오늘 소풍 코스를 여기까지로 잡았다. 그 후 순창읍을 거쳐 고속도로를 타고 지리산으로 돌아가면 썩 괜찮은 한나절 나들이가 될 듯했다. 계획대로 했다.

고속도로에 들어서기 직전에 예전에 가 봤던 햄버거 가게가 있었다. 거기서 불고기버거 한 개와 아이스 아메리카노 한 잔을 테이크아웃해 주차장에서 늦점심을 먹었다. 입 안을 오물거리며 요기하는 동안에 가족들과 지인들 그리고 나와 친숙한 어느 유명 정치인에게 아까 찍은 사진 몇 컷을 전송했다.

한창 선거운동에 나서 있는 후배에게는 짧은 카톡 편지를 덧붙였다.

"이름 없다가, 이름 붙었다가, 다시 이름 없는 상태로 돌아가는 강… 바로 인생길."

산마을로 돌아오는 길에 후쿠코의 구멍가게에 들러 주전부리를 챙겼다. 내가 좋아하는 고소한 보리건빵은 이미 다 팔리고 없었다. 한 달에 두 번 가게 물건들을 가져온다고 후쿠코가 말했다. 보리건빵을 많이 갖다 놓으면 좋겠다고 내가 일러 주었다.

잠시 계산하는 동안 바로 옆에 붙은 방에서 후쿠코의 늙은 시어머니가 안마기로 어깨를 두드리는 소리가 들렸다.

마당에 들어서자 길고양이 녀석이 툇마루에 느긋하게 엎드려 늦은 오후의 햇살을 즐기고 있었다.

부뚜막으로 가서 아까 집을 나설 때 조금 열어 두었던 불마개를 닫았다. 곧 저녁이 되면 추워질 테고 구들방이 온기를 잘 머금어야 오늘밤이 따뜻할 테니까….

어느새 하루가 뉘엿뉘엿 잦아들고 있었다.

마침내 매화가 터지다

봄이라고 하기엔 아직 겨울이었다. 겨울이라고 하기엔 산천의 기운이 달랐다.

노고단 능선은 하얗게 눈으로 덮여 있었다. 들판에는 봄보리 어린 싹들이 진초록으로 돋아나고 있었다. 매섭지도 훈훈하지도 않은 강바람은 거세게 불었다. 강변 대숲은 크게 출렁거렸다. 세찬 바람에 물결은 넘실거리며 하얀 거품을 일으켰다.

경운기를 몰고 가는 농부는 얼굴을 온통 수건으로 동여매어 눈만 내놓고 있었다. 길 가던 노인은 어깨를 잔뜩 움츠린 채 거센 바람에 다리를 휘청거렸다.

광양 다압 땅 소학정 마을을 지날 때, 강 씨·한 씨 부부

의 명패를 붙여 놓은 대문 뒤 커다란 매화나무에서 수많은 진분홍 꽃송이들이 모조리 터져 나와 있었다.

이제나저제나 기다렸던 섬진강 매화가 마침내 앞다투어 피어나기 시작한 첫 풍경을 접한 것이었다.

'아, 드디어 봄이 오고 있구나!'

'홍쌍리 매화마을'에 들어서자 언덕길 여기저기에 하얀 꽃 붉은 꽃들이 곱디고운 얼굴을 내밀고 있었다.

꽃망울이 거의 다 터진 매화나무 앞에서, 먼 길을 찾아 온 여행객들이 반가움과 설렘에 차를 멈춰 세우고 사진을 찍거나 누군가에게 휴대폰으로 꽃 소식을 전하는 모습이 눈에 띄었다. 사람들은 모두 마스크를 쓰고 있었고, 꽃송이들은 가린 것 하나 없이 모두 맨얼굴을 있는 그대로 드러내고 있었다.

'섬진강의 봄'이 차질 많은 세상과 상관없이 가차 없이 들어서고 있었다.

꽃송이들 사이로 저 멀리 굽이굽이 흐르는 섬진강이 보였다. 화개 쪽 강변에서는 흙바람이 뽀얗게 회오리치고

있었다. 지리산 능선 위에는 순백색 구름들이 지나고 있었다. 그 뒤로 끝없는 창공이 푸르게 펼쳐졌다.

나는 매화 피어난 언덕에 올라서서 새봄 새 기운을 뿜어내는 아름다운 산천을 한참 동안 물끄러미 바라보았다.

이윽고 나는 풍경 사진 여러 컷을 그리운 사람들에게 전송했다. 사랑하는 아내와 사랑스런 두 딸과 가까운 친구들과 친숙한 지인들에게 내가 지리산에서 건네줄 수 있는 가장 값어치 있는 선물이라 생각하면서.

풍경 선물을 받은 지인 중 몇 사람이 답장을 보내왔다. 어떤 이는 마침내 봄소식을 접한 것에 무척 흐뭇해했다. 어떤 이는 다짜고짜 장소가 어디냐고 물었다.

장소를 묻는 지인에게는 이렇게 말해 주었다.

"풍경을 분석하지 말고 그냥 물끄러미 바라보는 게 좋을 듯하네."

삶은 자기 해석을 갖다 대는 순간부터 멀어지기 시작한다는 걸 알기에. 삶의 진면목은 '있는 그대로' 볼 줄 아는 사람들에게 비로소 드러나는 것이기에.

산마을로 돌아오는 길에 누이동생으로부터 카톡 답장이 왔다.

"아르바이트 끝나고 조금 전에 집에 왔어요. 하나도 안 추워요!"

나는 누이의 남은 인생길이 춥지 않기를 마음속으로 빌었다.

지리산 반 바퀴 나들이

지리산의 봄이 어디까지 얼마나 와 있는지 봄기운을 살펴러 길을 나섰다. 구례에서 출발해 점심시간이 막 지난 때쯤 남원 인월면에 들어섰을 때, 자동차 계기판 기온은 영상 1도를 가리키고 있었다.

인월면 남쪽 끄트머리 둘레길 가까이 있는 그 카페가 영업 중이었더라면 젊은 주인 부부와 오랜만에 반갑게 인사도 나누고 커피 한 잔 챙기면 좋았을 것을, 지나면서 쳐다보니 문이 닫혀 있었다.

산내면 지리산 둘레길 첫 구간 매동마을 앞을 지날 때, 서울에 있는 아내로부터 카톡이 왔다.

"서울엔 눈이 와요. 가루눈이에요."

함박눈이 아니라 가루눈이 내리는 것은 날씨가 무척 추울 조짐이었다.

하지만 이곳 지리산의 햇살은 쨍했다. 실상사 입구에서 잠시 차를 세우고 개울물을 바라보니 환한 햇빛을 받아 유난히 반짝거렸다. 산에서 눈 녹은 물이 보태져 시냇물의 양도 늘어나고 물소리도 더 커진 듯했다.

나와 깊은 인연을 가진 스님이 오래 머물렀던 암자 뒤편 산자락을 바라보니, 산기운은 아직 겨울이면서도 봄을 향해 다가서는 느낌을 주었다. 봄의 느낌! 그 느낌은 언어가 아니라 그야말로 느낌으로 내게 다가왔다.

실상사 매표소 건너편에 있는 가까운 후배의 찻집을 보니 대문 앞 길가에 입간판은 세워져 있었지만, 대문은 닫혀 있고 실내등도 꺼져 있었다. 외출한 것인지 아니면 오늘 영업을 쉬는 것인지 알 길이 없었다. 근처 메밀국수집도 닫혀 있었다. 코로나의 여파일까.

실상사를 지나 도道 경계선이 전라북도 남원에서 경상남도 함양군 마천면으로 바뀌면서, 저 멀리 눈 덮인 지리산 천왕봉이 힐끗힐끗 보이기 시작했다.

마천에서 우측으로 차를 꺾어 다리를 건넜다. 마천 안쪽 깊숙이 위치해 '안마천' 또는 '내마'內馬라고 불리는 산마을에 사는 후배에게 사전 연락도 없이 불쑥 번개 방문을 하려는 참이었다.

2년 만에 가는 길이었지만, 미리 전화를 하지 않았다. 내가 간다고 미리 전화하면 괜히 서로 번거로워질 것 같아서였다. 후배가 마침 집에 있다면 반갑게 만나게 될 터이고, 집에 없다면 챙겨간 작은 선물을 조용히 놓아두고 나오면 그만이라는 생각이었다.

이른바 '서프라이즈'(놀라게 함)의 뜻은 전혀 아니었다. 나는 오래전 언제부터인가 사전 약속이라는 것에 왠지 '묶이기'가 싫었다. 가끔 서울에 가서도 보고 싶은 사람이 있으면 웬만하면 그냥 당일치기로 불쑥 연락해서, 그쪽 사정이 나와 맞으면 만나고 아니면 다음에 보면 그만이었다.

나의 이런 행동방식이 에티켓에 어긋나는지 아닌지는 나에게 그다지 중요한 판단기준이 아니었다. 그저 모든 것은 '그때 그 순간의 인연'이 알아서 굴러가는 것이려니 하는 생각이 들어서였다.

또 하나의 이유가 있다면, '관계'라는 것에 굳이 미리 얽매여 지내고 싶지 않아서였다. '관계'에 종속되는 것을 원하지 않기 때문이었다. 나를 둘러싼 바깥 상황에 나를 맞추기보다는, 그냥 나 스스로 만든 물꼬를 따라 흐르고 싶었다.

아무튼 다행히 후배는 집에 있었다. 후배의 동거자와 동네 이웃도 함께 있었다. 멀리 산 너머에서 난데없이 들이닥친 나를 그들은 반갑게 맞아 주었다. 후배는 이런 내 모습에 이제 익숙해진 눈치였다. 나로서는 감사한 아량이었다.

우리는 내린 커피와 생강차를 잇달아 마시며 한참 동안 이런저런 이야기들을 나누었다. 나는 후배에게 "너는 비록 경제적 생활은 팍팍하지만, 내가 보기엔 퍽 괜찮은 인생길을 걸어온 것 같다"고 말해 주었다. 그것은 나와 인연을 가진 사람에게 내가 건넬 수 있는 최선의 표현이었다.

집을 나설 때, 후배와 동거자는 생강청 한 병을 나에게 건네주었다. 마음에서 우러난 선물 같아 참 감사했다. 선물이란 선물하는 사람의 마음이 느껴질 때 최상의 값어치를 지닌다는 것을 나는 잘 알고 있었다.

다시 길을 나설 때 눈발이 비치기 시작했다. 방금 전까지 맑았던 하늘이 조금씩 흐려졌다.

마천 다리에서 산청 방향으로 우회전하면 지리산을 완전히 한 바퀴 도는 코스에 들어서는 길이어서, 나는 하늘을 다시 한 번 올려다보고 시계를 보았다. 하늘은 순식간에 흐려졌고, 시계는 4시를 막 지나고 있었다.

아직 먼 길이 남은 산청과 하동을 거쳐 다시 구례로 돌아가기에는 적절치 않아 보였다. 이제는 슬슬 귀가 길을 선택하는 편이 나을 듯싶었다. 바로 근처에 있는 벽송사 입구까지만 둘러보고 차를 돌려서 아까 왔던 길을 되돌아가면 되겠다는 판단이 섰다.

벽송사 칠선계곡 물이 합류하는 개천과 마을의 풍경은 여전했다. 그곳에 사는 지인들 몇 사람이 떠올랐다. 그중 한 사람은 이곳에 어렵사리 귀촌해서 몇 년을 살다가 그만 인연이 다했는지 다시 도회지로 떠났다는 소식을 들었다.

그가 살던 집으로 가 보았다. 역시 소문대로 사람 사는 기척은 없었다. 왠지 쓸쓸하고 허전한 기운이 텅 빈 마당에 감돌고 있었다. 예전에 이 마당이 사람들로 시끌벅적했던 기억이 스쳤나. 그러나 지금은 사람이 아무도 없는 집으로 변해 있었다.

그 썰렁한 분위기는 인생이 온통 한바탕 덧없는 꿈같다는 생각을 일깨웠다. 잘 살아 보려고 왔다가 잘 살지 못하고 물거품이 된 숱한 꿈들이 남긴 자취는 참으로 허무하게 느껴졌다.

때마침 그 집 앞길에서 전봇대를 손보러 출장 나온 서너 명이 길을 막고 작업 중이었다. 계획했던 인생길이 막혀 되돌아간 사람과 그의 집 앞을 다른 사람들이 가로막고 있는 광경이 내 머릿속에서 슬그머니 겹쳐졌다. 어떤 암시처럼 느껴졌다. 길이 막힌 거기서 나도 차를 되돌렸다.

돌아오는 길에 운봉 땅을 지날 때 함박눈이 펑펑 쏟아져 바람에 휘날리면서 산천의 풍경들이 희뿌옇게 시야에서 흐려졌다. 여원재 구불구불 긴 고개를 내려갈 때 앞이 잘 보이지 않았다. 비상등을 켜고 서행했다.

내 뒤로 아까까지만 해도 쨍했던 하늘과, 오래전 그곳에 있었던 사람들과, 방금 전 만났던 사람들이 어느새 기억으

로만 남은 채, 거센 눈발 속으로 흩어져 어디론가 사라지
고 없었다.

　남원 주천면을 지나서 밤고개를 넘어 구례에 다시 들어
서자, 구례의 산천 또한 어느새 하얗게 뒤덮여 있었다. 구
례 산동을 지날 때 눈이 걷히기 시작했다. 내가 지내는 산
마을 근처 저수지에 이르자 눈이 멎었다.

　저수지 다리 위에 차를 세우고 한참 물끄러미 앉아 있었
다. 봄을 느껴 보겠다고 나섰던 한나절 나들이를 되짚어
보았다. 시작이 쨍했던 그 나들이 끄트머리에서 눈보라를

맞닥뜨렸고, 지금 이 순간은 다시 조용히 갠 하늘 아래 내가 혼자 놓여 있었다.

산마을에 돌아와 다시 드러누운 구들방 이부자리는 따뜻했다. 나의 몸뚱이가 그 따뜻함에 포근히 감싸여 무척 안도하는 것 같았다. 몸은 그랬다.

그러나 그 몸 안에 들어 있는 나의 영혼은 겨울도 봄도 아니었다. 나의 영혼 그것은 계절이 아니었고 변덕스러운 날씨와도 상관이 없었다.

몸은 단순했고 영혼은 이리저리 자유롭게 쏘다녔다. 내가 나의 영혼을 가만히 마주할 때면, 그것은 언제나 '물끄러미 바라보는' 그 무엇이었다.

이윽고 깊은 잠에 빠져들었던 모양이다. 이른 새벽에 깨어났다. 창밖을 내다보니 밤새 또 눈이 흠뻑 내려 마당과 지붕을 뒤덮고 있었다. 하얗게 눈 덮인 풍경을 나의 영혼이 반기며 좋아했다.

이것이 올겨울 마지막 눈이 될까. 이런 눈을 다시 보려면 또 1년을 살아야겠지. 눈 구경을 하고 있으면서도 이내 아쉬움이 밀려왔다.

　하지만 내 영혼이 손에 쥐고 있는 것은 오로지 '지금 이 순간'뿐이었다. 이 순간 창밖에는 흰 눈이 있었고, 구들방에는 내 몸과 내 영혼이 있었다. 나는 '그냥 있었다'. 아무리 헤아려 보아도 '그냥 있을' 따름이었다.

꽃샘 폭설

어제 늦은 오후엔 눈보라가 휘날리더니, 오늘은 이미 쌓인 눈 위에 아침부터 또 함박눈이 내렸다. 점점 더 많이 펑펑 쏟아졌다.

매화가 막 터져 나오는 시점에 막바지로 들이닥친 시샘일까. 아니면 이런 추위가 있어야만 꽃망울이 더 야무지게 맺히는 것일까. 인간들은 이것을 '꽃샘'이라고 해석했지만, 꼭 그렇지만은 않은 듯하다.

구들방 안에 있는데도 손이 시리고 발이 차가웠다. 장작을 패서 아궁이에 불을 다시 때야 하고, 아침 요기도 챙겨야 했다. 몸을 일으켜 움직여야 하는 일들이 기다리고 있었지만, 마음은 자꾸 게으름을 피우고 싶어했다.

　그러나 무엇보다 몸이 추워지는 것을 누그러뜨려야 했다. 어쩔 수 없이 이부자리에서 일어나 주전자에 물을 덥혔다. 보온 기능을 하는 고무 물주머니에 따뜻한 물을 담아 손과 발 그리고 허리와 가슴 등에 찜질을 하면 훨씬 낫다는 걸 알기 때문이었다.

　몸을 녹이자 다시 졸음이 쏟아졌다. 간밤에 꼭두새벽 3시쯤 깨어 새벽 동틀 때까지 꼬박 글을 썼던 탓인지 눈꺼풀이 무거웠다. 깜박 잠이 들었다. 한 시간 가까이 잤을까, 눈이 떠졌다.

　함박눈은 여전히 내리고 있었다. 그때였다. 아궁이로 통하는 쪽문 뒤에서 뭔가 부스럭거리는 기척이 꽤 여러 번 귀에 들렸다. 아니나 다를까. 길고양이 한 녀석이 무척 배가

고팠던지 쪽마루 위에까지 올라와 밥 달라고 일부러 소리를 내고 있었다.

"야, 이 녀석아! 나도 아직 아침 못 먹었어!"

냅다 고함을 치며 쫓아내다가 나도 모르게 벌떡 일어났다. 시계를 보니 더 이상 꾸물거릴 시간이 아니었다. 차라리 잘되었다 싶어 부엌으로 가서 누룽지를 끓였다.

반찬은 김치 하나면 간단히 요기하고 설거지도 편하다. 하지만 고양이 녀석들이 눈 덮인 마당에서 추위에 움츠린 채 뭔가 기대하리라고 생각하다가 햄 통조림이 눈에 띄었다.

'그래! 나누어 먹자!'

그 덕분에 나도 고양이도 모처럼 특식 반찬을 맛보았다. 식사를 마친 뒤 설거지한 다음 부뚜막으로 가서 장작을 팼다. 보통 두 토막을 쪼갰지만 오늘은 한 토막을 더 팼다.

아침 식사와 장작불 지피는 일을 마치면 그다음부터는 한가한 시간이었다. 커피 한 잔 마시면서 계속 눈 내리는 창밖을 내다보다가, 자동차 눈 치우는 일이 남았다는 생각이 들었다. 자동차 눈을 치우는 김에 아예 외출해서 이제 마지막이 될지도 모를 눈 구경을 하고 싶었다.

백설白雪 천지로 바뀐 들판과 지리산과 섬진강을 느릿느릿 만끽하는 것은 나에게 주어진 특권이다. 나가는 김에 점심까지 해결한다면 오늘 하루 그럴싸하게 지낼 판이다.

　평소에도 자동차가 거의 없다시피 한적한 섬진강 남쪽 길은 눈까지 내려서인지 오직 내 차 한 대뿐이었다.
　나는 이 길을 지날 때마다 서울 한강 남쪽 강변 자동차전용도로가 하루 종일 1년 내내 상습 교통체증에 시달리는 광경을 떠올렸다. '똑같은 강남江南인데 서울 강남과 지리산 강남은 이렇게 다르다니 참 신기하다'고 혼자 웃었다.
　앞뒤로 다른 차가 한 대도 보이지 않는 길을, 그것도 눈이 펑펑 내리는 날에 섬진강과 지리산을 한꺼번에 가득 담으면서, 독점적으로 특히 시속 30km의 느린 속도로 혼자 달리는 그 기분은 왠지 참으로 통쾌했다.
　기특하게도 라디오 음악방송에서는 이탈리아 명곡 〈오 솔레 미오〉(오! 나의 태양)가 테너가수의 열창으로 속 시원하게 터져 나왔다.
　강변길에 줄지어 선 벚나무들은 앞으로 약 한 달 뒤에

세상을 발칵 뒤집어 놓을 만한 놀라운 경지를 은밀하게 준비하고 있었다.

차를 멈추어 벚나무 가지들을 올려다보니 수많은 꽃망울에 물이 올라 있었다. 이파리들은 없었지만 멀리서 보면 아주 엷은 초록 기운이 미세하게 퍼지고 있는 것이 느껴졌다.

섬진강 벚꽃이 만개한 풍경도 천하절경이지만, 해마다 빠지지 않고 맛보아온 그 절경이 아무도 모르게 매우 은밀하게 그리고 치밀하게 준비되고 있는 상황에서, 나 혼자 그 비밀스러운 작업을 슬그머니 미리 엿보는 것은 해마다 설레는 희열喜悅이었다.

화개장터 앞 큰 다리에서 차를 꺾었다. 가끔 들르는 그 찻집에 가서 아이스 아메리카노를 담아 넣을 나의 소지품 텀블러를 내밀었다. 안면 있는 주인에게 근황을 묻자, 예상 밖의 이야기를 털어놓았다.

요즘 한동안 기타를 치지 못해 더욱 심심하다는 푸념과 함께 기타를 멀리 진주의 장인에게 맡겨 수리 중이라고 했다. 화개장터가 온통 물에 잠겼던 작년 여름 대홍수 때 그

기타가 물에 잠기는 바람에 무려 100만 원이라는 거금을 들여 넉 달에 걸쳐서 크게 수리했는데, 얼마 전 기타에 다시 틈이 벌어져 또 맡겼다는 것이었다.

수리비가 그 정도이면 기타가 꽤 고급이겠다고 맞장구를 치자, 기타는 300만 원쯤 나가는 고가품이라고 했다. 이런 이야기를 들으니 주인이 어느 정도 여유를 가진 사람 같다는 짐작이 들었다.

그러나 그보다 자기 자신이 무척 좋아하는 취미를 가졌다는 점, 그리고 취미를 위해 굳이 돈 아깝다는 생각을 하지 않는다는 점에서 열정과 배포가 더 두드러지게 느껴졌다.

더구나 나는 오래전부터 기타를 배우고 싶었어도 끈기가 모자랐고, 새끼손가락 하나가 장애를 가진 단점까지 겹쳐서 결국 포기했던 터라, 부럽다는 생각이 들었다.

기타가 잘 고쳐져서 다시 품으로 돌아오는 날이 어서 오기를 바란다고 덕담했다.

점심은 화개골 안쪽에 있는 단골집에 가서 떡국으로 해결했다. 떡국을 먹을 때 난로 옆 테이블에 앉았는데, 문득 생각해 보니 오래전에 내가 그 집주인에게 선뜻 물려주었던 그 난로였다.

내가 쓰던 물건이 다른 사람에게 건너가 다시 잘 쓰이는 모습을 대하는 것은 기분 좋은 일이었다.

테이블에서 조금 떨어진 선반에 놓인 화병에 버들강아지가 꽂혀 있는 것이 눈에 들어왔다. 식사를 마치고 버들강아지를 유심히 바라보다가 주인에게 물으니, 바로 앞 시냇가에서 꺾어왔다고 했다. 버들강아지는 지난 1월부터 고개를 내밀었다고 덧붙였다.

그러고 보니 버들강아지는 매화보다 먼저 봄을 예고하는 것이었다. 나는 휴대폰으로 사진을 찍어 친구들에게 전송했다.

식당을 나설 때 주인은 나에게 얼린 곰탕 국물과 맛김 두 봉지를 선물했다. 마음까지 배가 불러 식당을 나섰다.

산마을로 돌아가는 길은 어느새 눈이 그치고 늦은 햇살이 비치고 있었다. 왕시루봉 아래를 지날 때 그 산자락에 살고 있는 후배가 문득 생각났다. 전화를 걸어 보니 마침 집에 있다고 했다.

'혼밥' 먹고 지나가다가 그냥 얼굴 한번 보고 싶어서 들 렀노라고 했다. 후배의 짝꿍은 며칠 여행을 갔다고 했다. 나와 띠동갑인 그 후배는 이곳 지리산 일대에서 내가 가장 아끼는 친구였다.

그와 나는 성정性情이 비슷해 잘 통했다. 나는 50대 중반 인 그에게 앞으로 인생길 뒷그림을 잘 그려 보라고 조언했 다. 그리고 낡아가는 내 거처 부뚜막의 연통 교체작업은 장 작을 덜 때도 되는 늦봄 무렵에 함께 해결해 보자고 했다.

산마을로 돌아오는 들판을 지날 때, 서산 하늘 위에서 하루의 마지막 햇살이 구름 사이로 광채를 쏟아 내렸다.

나는 여느 때처럼 그 풍경을 휴대폰에 담아 멀리 서울에 있는 아내와 두 딸에게 전송했다. 나의 저녁 인사였다. 가 족들은 나의 말없는 풍경 인사를 통해, 나의 하루가 '별일 없이' 잘 저물고 있는 것을 평소처럼 알아차리면서 부드럽 고 푸근하게 답장을 보내왔다.

오늘 하루도 잘 마무리되고 있었다. 다시 아버지의 들판 과 어머니의 들판 사이를 지날 때 두 분이 또 그리웠다.

작지만 소중한 깨우침

'헛살았네, 헛살았어! 진작 이렇게 할 것을….'
산골에 혼자 살면서 아주 작은 일 같으면서도 사실은 굉장히 긴요한 생활의 요령을 뒤늦게 하나씩 터득할 때마다, 나 자신이 참 아둔하고 미련하다는 것을 스스로 깨우친다.

특히 시골살이에서 생활의 지혜를 저 스스로 새로 알게 되는 일에서 그러하다. 고학력이나 짱짱한 스펙 따위는 전혀 상관이 없고, 오로지 실제 경험과 체험만이 가장 훌륭한 스승이라는 것을 가끔 배운다.

이곳 산마을에서 재래식 화장실을 두고 사는 사람은 나밖에 없다. 나의 이런 모습에는 무슨 사라져가는 옛것을 고수한다는 자랑을 내세우는 것과 거리가 먼 내 나름의 연유와 사정이 있다.

오래전 내가 이 집에 살려고 들어왔을 때부터 화장실은 재래식이었다. 요즘 사람들은 아무리 시골에 살아도 화장실은 웬만하면 수세식으로 사용한다. 하지만 농사꾼이던 이전 집주인은 무슨 까닭인지 재래식 화장실을 수세식으로 바꾸지 않은 채 무려 30년을 살았다.

굳이 물어보지 않았지만, 내 짐작엔 아마 농사에 인공비료보다 전통적 자연비료(인분)를 쓰는 것이 더 낫다는 판단에서 그렇게 한 듯했다. 왜냐하면 그는 마을에서 사는 형편이 괜찮은 축에 들어가는 사람이었기 때문이다.

당시 나는 본채와 멀리 떨어진 마당 한구석에 이미 자리 잡은 화장실을 수세식으로 바꾸려면, 만만치 않은 비용과 녹록지 않은 노력이 필요하리라고 예상했다. 또 나 혼자 지내는 처지에 그냥 내가 적응하면 되려니 하는 단순한 생각에서 그냥 그대로 놓아둔 채 살기로 했던 것이다.

다만 딱 한 가지를 개선했다. 볼일을 볼 때 쪼그려 앉아 불편함을 감수하는 것이, 서울에서 가끔 오는 가족들과 손님들을 생각하면 도무지 곤란하겠다 싶어서, 편히 앉을 수 있는 좌식변기를 얹어 놓은 것이다. 그 때문에 희귀해진 물건을 구하느라 온 읍내를 뒤지다시피 물색한 끝에 어렵사리 겨우 찾아냈다.

그 후 이제껏 별 문제 없이 지내고 있지만, 추운 겨울이 되면 늘 닥치는 애로사항을 되풀이하게 되었다. 화장실이 본채 안 실내에 있지 않은 까닭에, 몹시 추운 날씨에도 옷을 주섬주섬 껴입은 채 마당을 가로질러 화장실을 가야 한다.

그뿐 아니다. 날씨가 추운 날에도 볼기를 내놓아야 신진 대사의 절차를 밟지 않겠는가. 민망한 그 모습은 예의상 이 글을 읽는 당신의 상상에 맡긴다.

그럴 때마다 나 자신이 참 별난 인간 같기도 하고, 모자라기 짝이 없는 인간 같기도 하고, 짠하기도 하다. 그러나 스스로 자처한 일이니 누구를 원망할 수도 없고, 볼일 볼 때마다 셀프 핀잔과 자기 연민에 빠지곤 했다.

한편으로는 재래식 화장실의 '성찰'省察도 뒤따랐다. 추위에 그런 모습으로 있는 나 자신을 제 3자의 시각으로 보게 되었다.

　겨울에 난방 잘되는 서울 아파트의 수세식 화장실을 스스로 팽개치고 산자락 재래식 화장실을 사용하는 이 어처구니없는 나 자신은, 도대체 무엇을 위해 무슨 가치를 얻기 위해 이런 삶을 살고 있는 것일까?

　재래식 화장실에서 과거 이름난 방송사의 CEO 명함 따위는 아무런 필요도 소용도 없었다. 군더더기가 떨어져 나간 내 '삶의 원형질'을 마주하게 된 것이다. 그 마주함은 나에게 나쁜 일도 궂은일도 아니었다. 그냥 사는 일이었다.

　구들방에서 냉기가 몸에 스며드는 것을 누그러뜨리려고 따뜻한 물을 담은 고무 물주머니를 꼬옥 껴안고 있다가, 볼일 신호가 왔다.

　"바깥이 추운데 귀찮은 일이지만 어쩔 수 없지"라고 중얼거리며 일어나는 바로 그 순간, 기발하고 기특한 생각이 머리를 스쳤다.

　'옳지! 지금 내 품에 안고 있는 이 따뜻한 찜질 주머니를 화장실에 가져가면, 손 시리고 발 시리고 배 차가운 것을

면할 수 있지 않을까!'

내 생각이 적중했다. 세상에 그렇게 따뜻하고 좋을 수 없었다. 그 오랜 세월 동안 여러 해 겨울마다 겪었던 얄궂음과 성가심은, 순식간에 기분 좋음과 즐거움으로 바뀌었다.

대반전이었다. '터득'이었다.

'이 미련곰탱아, 진작 이렇게 할 것이지!'

삶의 '원형'은 이러하다. 삶은 뜻하지 않은 길모퉁이에서 삶을 스스로 깨운다.

어느 귀촌자

해가 바뀌자 한참 만에 처음으로 그 귀촌자에게서 연락이 왔다. 이를테면 당일 번개 신청이었다. 작년에 나와 가까운 후배가 데리고 나타나 나에게 인사시키면서 앞으로 잘 이끌어 주면 좋겠다고 부탁한 그 사람이었다.

이번이 두 번째 만난 자리였다. 50대였고 미혼자였으며 혼자 귀촌한 사람이었다. 나의 옛 직장 다른 분야에서 일했다고 했다. 말하자면 후배인 셈이었다.

그 귀촌자를 작년에 처음 봤을 때, 몸과 마음이 많이 지쳐 있었다. 나는 격식을 가리지 않는 편이라서 그냥 편하게 스스럼없이 대하고 싶었지만, 그 귀촌자의 상황과 느낌은 일단 스스로 걸러지도록 놔두는 편이 낫겠다 싶어 짐짓 내가 먼저 나서지 않고 지냈다.

그러던 터에 그가 나에게 연락을 취한 것이었다. 나는 그 귀촌자의 삶이 여전히 무겁다는 것을 카톡을 주고받을 때 직감적으로 느꼈다.

우리는 고즈넉한 커피숍에서 대면했다. 그도 나도 마스크를 쓰고 있었지만, 한눈에 그의 눈초리는 누적된 피로감에 젖어 퀭하게 보였다. 그리고 뭔가 '벗어나려고' 애쓰는 갈증의 분위기가 역력했다.

나는 그에게 내가 조언하고 귀띔해 줄 내용의 범위와 깊이를, 그가 처한 상황에 맞추어 어느 정도 조절할 필요성을 느꼈다. 하지만 자주 만나게 될 것 같지 않았기에 결국 '지름길'을 가리키는 이야기로 직행하는 쪽을 택했다.

나는 자극요법을 썼다.

"내가 오늘 자네에게 들려줄 만한 얘기는 두 가지일세. 하나는 자네의 모습에 관한 것이고, 또 하나는 마음 다스리는 것에 관한 것일세."

나는 말을 이어갔다. 그 말은 돌직구였다.

"자네 같은 사람을 처음 보는 것은 아니지만⋯. 자네는 귀촌에 결국 '실패'해서 되돌아갈 것 같아. 지금 이런 상태로 계속 지낸다면 말일세."

내 말은 그가 현재 살고 있는 모습을 바꾸어 보라는 취지를 담고 있었다.

"자네가 주는 느낌은⋯ 비좁고 깊은 '에고'ego, 이기적 자아의 우물에 빠져 대단히 폐쇄적이야. 그리고 자기 바깥에서 오는 것들을 상대할 때, 에고가 먼저 마음의 빗장을 잠가 버린 채 자기 생각의 틀에 국한시키지. 그 바람에, 아무리 유익한 것이라고 해도 자네는 받아들일 자세가 되어 있지 않은 것 같아. 결국엔 아무것도 취하거나 소화하는 게 없는 맹탕이지."

나는 이 말을 잘 이해시키기 위해 비유를 들었다.

"자네는 대문 앞에 서 있는 사람이나 상황을 대할 때, 문을 활짝 열고 편히 맞이하는 게 아니라, 자네의 모습 거의 대부분을 감춘 채 고개만 삐쭉 내놓는 느낌을 주고 있어."

나는 여기에 덧붙였다.

"그 까닭은 지독한 두려움이나 불안감일 수 있지."

이어서 나는 스스로 체험하여 알고 있는 그 해소법에 관해 말했다.

"이런 모든 상황을 '한 방'에 또는 점차적으로 날려 버릴 수 있는 길이 있지. 그건 바로 자기 내면의 마음속 상황들을 그때그때 '알아차리는' 일이야. 자기가 어떤 생각이나 감정에 빠져 있는 것을 물끄러미 '바라보면서' 혹은 '알아차리면서' 지내는 것이지. '알아차림'이 관건이자 열쇠라네.

생각이나 감정들은 모두 일시적으로 지나가는 것들일 뿐 자네의 지속적 본질이라고 할 수 없다네. 생각은 자네가 아니고 감정도 자네가 아니야. 만약 자네가 생각이나 감정이라면 그 생각과 감정이 지나가 버린 뒤에도 함께 사라지지 않고 버젓이 남아 있는 자네는 뭐란 말인가?

자네의 본질은 따로 있어. 그 본질이 바로 진짜배기 자네라고 할 수 있지!"

내 이야기를 듣는 중간중간에 귀촌자의 눈가에는 물기가 비쳤고 눈자위가 붉어졌다.

그리고 나는 그의 몸뚱이 일부가 시달리고 고통받는 것에 대해서도 내가 아는 한에서 말해 주었다.

"몸이 아픈 신호를 보낼 때 이런 방법이 있다는 걸 배웠어. 아픈 곳에 가만히 집중하면서 '몸아, 미안하다!'를 진심으로 간절히 되풀이해 보게."

뭔가 이야기를 듣고 싶어 만나자고 한 그에게, 나는 최선을 다해 말했다. 물론 중간중간에 그도 말했다.

이윽고 우리는 커피숍을 나와 작별했다. 헤어지면서 내가 말했다.

"자네와의 인연이 어디까지인 줄 모르겠으나, 앞으로 또 자네 마음이 내키거든 볼 기회가 있을 테지."

귀촌자는 멀리 다른 지역에 살고 있었다. 그는 오늘 먼 걸음을 한 것이었다. 여기저기 둘러보고 싶었는지 그는 산동 산수유 마을 쪽으로 차를 몰아 떠났다. 나는 산마을로 돌아가기 위해 반대 방향으로 차를 돌렸다.

사실 나는 점심을 아직 먹지 못한 상태였다. 그러나 그건 귀촌자의 잘못이 아니었다. 내 상황이 그랬다. 나는 귀촌자의 자동차가 저 멀리 멀어져가는 뒷모습을 룸미러를 통해 잠시 바라보며 마음속으로 기원했다.

'저 사람이 평화로워지기를!'

봄비 내리는 하루

아침부터 봄비가 내렸다. 저녁까지 온종일 내렸다. 하지만 바람이 불지 않아 성가시지 않게 부드럽게 산천을 흠뻑 적셨다.

비 내리는 심심한 산마을에서 그래도 외출할 일이 있어 좋았다. 헌 바지 세 벌을 챙겼다. 세 벌을 합쳐 한 벌로 더 오래 더 자주 입고 싶어서였다. 두 벌은 다른 한 벌을 새로 수선하는 데 천 조각으로 쓰일 참이었다.

옷수선집은 꽤 멀리 순천에 있었다. 옷 고치러 자주 갈 일이야 없었지만, 언제부턴가 단골집으로 삼은 곳이었다. 주인아주머니는 솜씨가 좋았고, 친절했고, 비용도 늘 부담 없이 적당히 깎아 주었다.

"아이고! 오늘도 먼 길 오셨네요."

주인은 내가 구례에서 온다는 걸 알고 있었다.

"천만에요! 아드님은 직장 잘 다니지요? 미스터 김 … ."

나는 그 아들과 그 수선집에서 우연히 인사를 나눈 적이 있었다.

옷 잘 맡기고 돌아오는 길에 남해고속도로 하동 나들목을 내비게이션에 입력했다. 하동 섬진강 건너편 광양 매화 마을을 거쳐서 구례로 돌아오려는 생각이었다. 얼마 전 매화가 드디어 피기 시작했는데 그사이에 얼마나 더 많이 터져 나왔는지 보고 싶었다. 봄꽃이 새로 피어날 때 하루하루 풍경이 새록새록 달라짐을 해마다 느끼곤 했기 때문이다.

가 보니 역시 그랬다. 붉은 꽃 바로 옆에서 부지런한 산수유꽃이 덩달아 노랗게 피어나 제 3의 멋진 풍경을 이루고 있었다.

나는 또다시 섬진강 꽃 풍경을 가족과 주변 지인들에게 보내 주었다. 다들 좋아했다.

읍내 끝자락에 있는 쌀빵집에 들렀다. 햅쌀빵 한 봉지를 샀다. 내일 아침과 모레 아침에 먹고 싶어서였다. 오늘 당

번인 빵집 후배들에게 점심 잘 먹었냐고 물으니, 오늘은 막내가 순대국밥을 챙겨와 맛있게 먹었다고 했다. 무료로 배포하는 지역 소식지를 챙겨들고 빵집을 나섰다.

이번엔 읍내 방앗간으로 갔다. 서울에 사는 늘 고마운 후배에게 참기름을 선물하기 위해서다. 내일은 맛김치를 추가로 보낼 작정이었다.

그다음엔 생활협동조합 식품가게로 향했다. 바나나 한 묶음과 우유 한 팩을 챙기다가 감귤이 눈에 들어왔다. 감균도 먹고 싶었다. 함께 게산대에 올려놓았다.

저수지를 지날 때 길가 산수유나무들이 앞다투어 노랑 꽃을 터뜨리고 있었다. 머지않아 개나리도 피어나면 그 길은 완연한 봄이 될 것이다.

산마을로 다시 들어설 때 서울의 어느 후배가 보낸 시詩 한 수가 카톡에 떴다.

"당신이 따뜻해서 봄이 왔습니다⋯."

마을 고샅길 언덕을 오를 때, 하동 사는 후배가 아궁이에 장작불 피우며 음악을 듣는 동영상을 보내면서 짧게 안부를 물었다.

"비 오는 날, 아궁이에 불 피우면서 음악을 들으니 참 좋군요."

나는 그 후배에게 아까 섬진강변에서 찍은 매화 풍경을 보냈다. 그리고 짧은 답장을 해 주었다.

"봄날 가기 전에 강변에 한번 가 보게."

곧이어 왕시루봉 산자락에 사는 후배의 카톡이 왔다.

"형님, 매화 사진 감사합니다."

나는 답장을 보냈다.

"지금처럼 항상 떠올리는 사이로 지내자."

구들방에 돌아와 쉬고 있을 때, 반달곰 쫓아다니는 후배가 카톡을 띄웠다.

"선배님이 보낸 꽃 풍경을 보니 '제대로' 봄이 왔네요."

내가 답장했다.

"인간 세상 빼고는 다 '제대로' 굴러가지."

저녁상 차리려고 일어설 때, 서울의 누이동생이 아르바이트를 마치고 천변을 걸어가고 있다고 카톡을 보냈다.

"음악 들으면서 개천길 걸어 집에 갈 때가 아무런 잡생각도 안 나고 하루 중 유일하게 평온한 시간이에요."

오늘은 웬일인지 길고양이 녀석들이 하루 종일 마당에 나타나지 않았다. 오전에 집 나설 때 먹이로 내주었던 건빵 위에도 봄비가 하염없이 내렸다.

삶의 끝까지 동행하는 일상

수영장에 가고 여행을 떠나는 일을 '별난 일'이라고 할 수 없을 것이다. 예전엔 주변에서 흔히 볼 수 있는 평범한 일에 해당했다.

하지만 코로나 세상에서는 수영장 가는 일이 뉴스거리가 되었다. 한국보다 앞서 거리두기를 완화하고 부분적 일상복귀 조치가 시행된 이스라엘에서, 1년 만에 수영장을 찾은 90살 노인이 뉴스에 등장했다.

노인은 인터뷰에서 이렇게 말했다.

"이날이 오기를 손꼽아 기다렸습니다. 마침내 평소 내가 즐겨 찾던 수영장에 돌아오게 되어 기쁩니다."

수영장은 이 노인에게 '일상' 속 즐거움과 건강을 주는 곳이었을 것이다. 노인은 그저 원래대로 평소대로 평범하게 일상으로 되돌아갔을 뿐이다.

나도 온천욕이 나의 일상 속에서 퍽 즐거운 일 중 하나였다. 평일 이른 아침이나 늦은 오후에 손님이 뜸한 야외 온천에서, 푸른 하늘과 구름을 올려다보면서 따뜻한 물속에 몸을 담그면 마음까지 정갈해지는 느낌이 참 좋았다.

코로나 발생 이후 그 온천에 못 간 지 1년이 넘었다. 내 일상의 즐거움 하나가 중단된 것이었다. 가끔 그 온천 앞을 지날 때마다, 한가한 시간에 목욕탕 문을 열고 들어가는 그 고즈넉함이 떠올라 나도 모르게 간절한 심정에 사로잡히곤 했다.

다시 마음 편히 그곳에 갈 수 있는 날이 온다면, 이전보다 노천탕에 더 오래 머물고 싶은 마음이 굴뚝같다.

어느 날 한 유명 배우가 TV에 출연해 무척 진지한 표정으로 이런 이야기를 하는 것을 들었다.

"아버지가 세상을 떠나시기 직전에 지금 가장 하시고 싶은 일을 여쭈어 봤더니, 아버지는 잠시 생각에 잠겼다가 이렇게 말씀하시더군요. '친구들과 여행 가고 싶어!'"

그 배우의 선친이 자기 생애의 마지막에서 간절히 떠올린 일은 별난 일이 아니었다. 우리가 일상에서 흔히 볼 수 있는 일이었다. 그분은 나무와 숲과 강과 바다가 보이는 어느 여행지에서, 가까운 벗들과 약주 한잔을 마시면서 그저 편한 일상의 즐거움을 맛보고 싶었던 것이다.

코로나 재앙은 아직도 안심 못 할 수준으로 당신과 나의 일상을 옥죄고 있다. 하지만 그 골치 아픈 감염병은 역설적으로 우리에게 일상이 얼마나 소중한 것인지 참으로 절실하게 깨닫게 해 주었다.

생을 마감하는 순간에 노인의 간절한 소원 역시 일상이었다는 것은, 코로나가 앞으로 더 오래 머물든 아니면 물러가든, 일상은 우리의 인생 전체를 통틀어 마지막 순간까지 삶을 지탱하는 기본 바탕이자 원동력임을 뚜렷이 새겨 준다.

건강하게 사시다가 93세에 떠나신 나의 이모할머니는, 돌아가시던 날 오전까지 텃밭에 나가 평소처럼 일하신 뒤

방에 돌아와 잠드신 채로 영면하셨다. 떠나는 마지막 날에
도 '특별할 것 없는 작은 일상' 속에 살다 가신 것이었다.

우리가 훗날 원래의 일상을 되찾더라도, 삶의 기본이 크
게 달라질 것은 없을 것이다. 삶의 '원형질'은 코로나 훨씬
이전부터 코로나 이후까지 우리의 몸과 마음속에 언제나
변함없이 동행하도록 하늘이 장치해 놓았기 때문이다.

아직까지 우리 일상의 범위는 비좁은 편이지만, 앞으로
시간이 흐를수록 일상 회복의 범위가 차츰차츰 원래의 자
리로 되돌아가는 날이 오리라고 믿는다.

하지만 현재의 위축된 일상 속에서도 가만히 살펴보면
우리가 누릴 수 있는 소소한 일상들은 여전히 수두룩하게
남아 있다. 우리는 끝장나지 않았다. 무척 다행스럽고 감
사한 일이다.

코로나 팬데믹은 '삶의 재발견'을 가져왔다는 점에서 현
대 인류 역사에서 가장 큰 각성 시대를 열었다. 우리는 이
새삼스러운 각성을 다시는 망각하지 말아야 할 것이다.

코로나를 통해 우리는 아주 작은 일상들로 이루어진 '별

일 없는 하루'가 크나큰 기적이라는 것을 깊이 깨닫게 되었다. 별일 없는 하루하루는 당신과 내가 가장 인간다울 수 있는 최고의 선물이다. 인생은 소소한 하루하루의 집합이다.

당신과 나에게는 '오늘 하루'와 '지금 이 순간'이 탈 없이 주어져 있다.

지은이 소개

구영회 具榮會

방송 CEO 출신 지리산 수필가. 고려대를 나왔고 '장한 고대언론인 상'을 받았으며, MBC 보도국장, 삼척MBC 사장, 한국신문방송편집 인협회 부회장 등을 지냈다.

30대 중반 무렵부터 지리산을 수없이 드나들면서, 삶의 본질에 대한 '갈증'에 목말라하는 마음속 궤적을 따라 끊임없는 '자기타파' 를 추구해 왔다. 33년의 방송인 생활을 마친 뒤, 지금은 지리산 자락 허름한 구들방에서 혼자 지내며 제 2의 인생을 살아가고 있다.

그는 지리산에서 지금까지 《지리산이 나를 깨웠다》, 《힘든 날들 은 벽이 아니라 문이다》, 《사라져 아름답다》, 《작은 것들의 행복》, 《가끔은 고독할 필요가 있다》, 《가장 큰 기적 별일 없는 하루》 등 여섯 권의 수필집을 펴냈다. 그의 글은 지리산처럼 간결하고 명징하 다. 섬진강처럼 잔잔하고 아름답다. 뱀사골 계곡처럼 깊다. 그가 우 리에게 두런두런 건네 붙이는 말투는, 지리산 밝은 달밤과 별밤에 숲에서 들리는 호랑지빠귀의 휘파람 소리처럼 마음 깊은 곳을 파고 들며 깨운다.

힘든 날들은
벽이 아니라 문이다

미래가 불안한 청년들을 위한 지리산 세레나데

구영회(전 삼척MBC 사장) 지음

지친 대한민국 청년들에게 바치는 지리산 희망가!

여보게 수고했네, 지리산에서 잠시 쉬며
인생을 다시 바라보는 것은 어떤가?

'스펙경쟁'이 판치고 '신분상승의 사다리'가 무너진 시대에 지친 대한민국 청년들에게 힘을 주고자 쓰여진 이 책은 흔한 처세술, 무용담이 아니다. 그보다는 단 한 번뿐인 인생을 과연 어떻게 살아가는 것이 바람직한지에 관한 소중한 지혜를 담고 있다. 저자는 한국의 대표적인 자연유산인 지리산의 아름다운 명소에 독자들을 초대하며 편안하게 인생 이야기를 풀어간다. 마음의 눈을 뜨면 새로운 세상이 보인다고, 그 세상에서 당신만의 길을 걸으며 모험을 즐기라고…

46판·양장본·컬러 | 248면 | 12,500원

나남 www.nanam.net | 031-955-4601

사라져 아름답다

은퇴할 사람들과 은퇴한 사람들에게 띄우는
세 번째 지리산 통신

구영회(전 삼척MBC 사장) 지음

'인생의 가을'에 떠나는 깨달음의 여행!

직장과 가정에서의 치열한 삶에 쉼표를 찍고 또 다른 시작을 준비
하는 은퇴세대에게 전하는 용기와 위안의 메시지! 33년의 방송인
생활을 접고 자연 속에서 제2의 인생을 살아가는 저자는 자신이
새로운 삶을 살아갈 수 있도록 깨달음을 준 지리산으로 독자들을
초대한다. 강과 바다가 만나지는 지점으로 세상살이의 끄트머리를
암시하는 망덕 포구, 피고 지는 인생의 원리를 보여주는 섬진강변
벚꽃길, 묵묵히 자신의 길을 걸으며 번뇌를 다스리라고 다독여 주
는 스님들…. 저자의 발길을 따라 지리산 곳곳을 거닐며 행복한 삶
과 아름다운 마감의 비밀을 깨닫는다.

46판·양장본·컬러 | 264면 | 14,000원

나남 www.nanam.net | 031-955-4601

작은 것들의 행복

지리산 인생의 네 번째 통신

구영회(전 삼척MBC 사장) 지음

하늘과 가까운 곳, 지리산에서 찾은 행복의 비밀

지리산을 품은 언론인 출신 수필가 구영회가 펴낸 네 번째 에세이.
저마다 '작지만 확실한 행복'을 추구하는 시대에 산골살이에서 찾
은 진정한 행복의 비밀을 전한다. 하늘과 가까운 곳, 지리산에서 자
연을 닮은 소박한 사람들과 지내며 깨달은 일상에 대한 사랑, 만남
과 나눔의 기쁨, 영혼의 안식을 잔잔한 문체로 펼친다. 세상 모든
생명을 깨우는 찬란한 태양이 떠오르는 지리산 형제봉, 마음속 번
뇌를 조용히 가라앉히는 달빛을 머금은 섬진강. 현대인들이 잃어
버린 가치를 찾는 여정은 신비롭고 아름답다.

46판 · 양장본 · 컬러 | 236면 | 13,800원

나남 www.nanam.net | 031-955-4601

가끔은 고독할 필요가 있다

다섯 번째 지리산 명상

구영회(전 삼척MBC 사장) 지음

가장 고요한 곳에서 길어 올린 고독의 미학

지리산을 품은 언론인 출신 수필가 구영회의 다섯 번째 에세이집. 어지러운 도시의 리듬에 지친 현대인에게 가장 고요한 곳, 지리산에서 길어 올린 고독의 미학을 전한다. 별다른 일 없는 조용한 하루하루, 그러나 작가에게는 일상의 기적을 발견하는 시간이다. 숲 나무 틈새로 내리꽂히는 눈부신 한줄기 햇살, 돌 벤치 위로 가만히 불어오는 부드러운 바람. 마음의 평화는 '고독'이라는 나룻배를 타고 혼자 노 저어갈 때 얻을 수 있는 최상의 선물이다.

46판·양장본·컬러 | 252면 | 14,800원

나남 nanam www.nanam.net | 031-955-4601